beckˡsche reihe

bˢʳ

Es gibt unzählige Einführungen in das Christentum, die Kirchenge-schichte, das Leben Jesu oder die Theologie, aber an den naheliegen-den, grundsätzlichen, nur scheinbar simplen Fragen vieler Christen und Nicht-Christen gehen sie oft vorbei. Das vorliegende Buch will gerade solche Fragen aufgreifen. Warum Gott die Menschen nie-mals in Ruhe läßt, ob es ihn überhaupt gibt, ob der christliche Glaube glücklich macht oder wie ein Gebet wirkt, mag sich mancher schon insgeheim gefragt haben. Johann Hinrich Claussen versteht es meisterhaft, auf solche Fragen klar und prägnant zu antworten, dem Leser aber zugleich Perspektiven zu eröffnen und ihn nicht auf eine vorgefertigte Meinung festzulegen. Darüber hinaus bietet das Buch umfassendes Basiswissen über das Christentum und enthält nicht zuletzt Geschichten, Gedichte, Gebete und Gesänge, die einen lebendigen Eindruck vom inneren Reichtum des Christentums ver-mitteln.

Johann Hinrich Claussen, geb. 1964, ist Privatdozent für Systematische Theologie am Fachbereich Evangelische Theologie der Universität Hamburg und Propst im Kirchenkreis Alt-Hamburg. Zu seinen wichtigsten Veröffentlichungen gehören die Anthologie «Spiege-lungen. Biblische Texte und moderne Lyrik» (2004), «Glück und Ge-genglück» (2005) sowie das Jugendbuch «Moritz und der liebe Gott» (3. Aufl. 2005). Einem größeren Publikum ist er außerdem durch re-gelmäßige Beiträge für die Frankfurter Allgemeine Zeitung bekannt.

Johann Hinrich Claussen

Die 101 wichtigsten Fragen
Christentum

Verlag C. H. Beck

Mit 12 Abbildungen

Originalausgabe

2., durchgesehene Auflage. 2007
© Verlag C. H. Beck, München 2006
Satz: Fotosatz Reinhard Amann, Aichstetten
Druck und Bindung: Druckerei C. H. Beck, Nördlingen
Umschlagabbildung: Giotto di Bondone, Ausschnitt aus dem
Fresko «Der Traum des Joachim» in der Arena-Kapelle
(Capella degli Scrovegni), Padua, um 1303–1305;
Photo: akg-images
Umschlaggestaltung: +malsy, Willich
Printed in Germany
ISBN-10: 3 406 54094 5
ISBN-13: 978 3 406 54094 3

www.beck.de

Inhalt

Gebrauchsanweisung 11

Über die gegenwärtige Lage des Christentums
  1. Warum läßt Gott die Menschen niemals in Ruhe, umgekehrt auch nicht? 13
  2. Warum gibt es immer noch so große Kirchen? 15

Über die Bibel
  3. Was bedeutet das Wort «Bibel»? 17
  4. Kann man den Inhalt der Bibel in einem Satz zusammenfassen? 18
  5. Wie ist die Bibel entstanden? 18
  6. Was unterscheidet die Bibel der Juden von der Bibel der Christen? 20
  7. Stammt das Christentum vom Judentum ab? 21
  8. Was unterscheidet die Bibel vom Koran? 22
  9. Muß ein Christ alles glauben, was in der Bibel steht? 23
  10. Kann ein Naturwissenschaftler an die Schöpfungsgeschichte glauben? 24
  11. Kann ein moderner Gehirnforscher an die Existenz der Seele glauben? 26
  12. Wer hat den Monotheismus erfunden? 27
  13. Ist die Bibel ein Gesetzbuch? 28
  14. Wie hat man ursprünglich die Psalmen gesungen? 29
  15. Warum enthält die Heilige Schrift ein Werk erotischer Literatur? 31
  16. Was ist ein Evangelium? 32
  17. Was war die Aufgabe der Apostel? 33
  18. Was ist eine Apokalypse? 34
  19. Wie sollte man die Bibel lesen? 34

Über Gott
20. Gibt es Gott? 36
21. Wie kann man Gott erfahren? 37
22. Ist Gott eine Person? 38
23. Warum ist bei Gott 1 = 3? 39
24. Ist Gott böse? 40
25. Kann Gott sich verbergen? 41
26. «Gesetzt den Fall, Sie glauben an einen Gott: kennen Sie ein Anzeichen dafür, daß er Humor hat?» 44

Über Jesus
27. Wie hat Jesus ausgesehen? 45
28. Was weiß man über Jesus? 46
29. War Jesus der erste Christ? 48
30. Wurde Jesus von einer Jungfrau geboren? 48
31. Konnte Jesus Wunder tun? 48
32. Was ist Nachfolge? 49
33. Warum hat Jesus die Kinder den Erwachsenen vorgezogen? 49
34. Kann man mit der Bergpredigt Politik machen? 50
35. Warum mußte Jesus sterben? 54
36. Wer war schuld an der Kreuzigung Jesu? 55
37. Was ist Ostern geschehen? 55

Über den heiligen Geist und die frühe Kirche
38. Warum ist Pfingsten der Geburtstag der Kirche? 57
39. Müssen Christen Mission betreiben? 59
40. Was war das Erfolgsgeheimnis der frühen Christenheit? 60
41. Worin unterscheidet sich ein christlicher von einem islamistischen Märtyrer? 62
42. Warum wurde aus der frühen Christenheit, die anfangs eine verfolgte Minderheit war, später eine Kirche, die andere Minderheiten verfolgte? 63
43. Muß man in der Kirche sein, um Christ zu sein? 66
44. Warum gibt es Pastoren und Priester? 67
45. Inwiefern ist es sinnvoll, daß die Kirche den Geist an bestimmte Buchstaben bindet? 68

6   *Inhalt*

46. Wer war der größte Ketzer? 70
47. Warum hat Faust so geseufzt, als er von seinem Theologiestudium erzählte? 72
48. Wie kann man seinem Glauben treu sein, ohne ein Fundamentalist zu werden? 76
49. Was ist der Unterschied zwischen einer Kirche und einer Sekte? 79
50. Warum sind aus der Urgemeinde so viele unterschiedliche Kirchen hervorgegangen? 80
51. Warum ist die Einheit der Kirchen kein erstrebenswertes Ziel? 81

Über Katholizismus und Protestantismus
52. Was unterscheidet die Kirchen des Westens und des Ostens? 83
53. Warum ist der Papst nicht nur Oberhaupt einer Kirche, sondern auch eines Staates? 84
54. Was hat der Protestantismus mit Protest zu tun? 86
55. Warum sind Katholiken zu evangelischen Abendmahlfeiern eingeladen, umgekehrt aber nicht? 89
56. Warum verehren Protestanten weder Maria noch die Heiligen – im Unterschied zu vielen anderen Konfessionen? 91
57. Warum dürfen evangelische Pastoren heiraten – im Unterschied zu ihren katholischen und orthodoxen Kollegen? 92
58. Inwiefern hat die Reformation die Moderne eingeleitet? 95
59. Warum gibt es so viele unterschiedliche Protestantismen – und nur einen Katholizismus? 96

Über das neuzeitliche Christentum
60. Gibt es eine christliche Aufklärung? 98
61. Sollte man Kirche und Staat trennen? 100
62. Warum sind die US-Amerikaner frömmer als die Westeuropäer? 103
63. Welche Konfession wächst zur Zeit am schnellsten? 106

Inhalt 7

64. Wofür braucht die moderne Gesellschaft das Christentum? 107
65. Gibt es eine christliche Art, Geld zu verdienen? 108

Über den Gottesdienst
66. Warum sind die Kirchen heute so leer? 109
67. Warum finden so wenige Menschen einen Zugang zum Gottesdienst? 111
68. Ist ein heutiger Gottesdienst noch mit dem urchristlichen Kult zu vergleichen? 113
69. Welche Fremdwörter muß man kennen, um einen Gottesdienst zu verstehen? 115
70. Wie lange sollte ein Gottesdienst dauern? 115
71. Was ist ein Sakrament? 116
72. Wann sollte man sich taufen lassen? 117
73. Wie sollte man das Abendmahl zu sich nehmen? 118
74. Dürfen Frauen in der Kirche sprechen? 119
75. Inwiefern wirkt ein Kirchengebäude orientierend? 120
76. Warum hat die Kirche eine eigene Zeitrechnung? 121

Über die Frömmigkeit
77. Wie wirkt ein Gebet? 122
78. Kann man das Beten üben? 123
79. Gibt es noch andere Wörter für «Glauben»? 124
80. Ist der christliche Glaube ein Kinderglaube? 125
81. Wo kann man einen Schutzengel bestellen? 125
82. Kann man Gott in der Natur begegnen? 126
83. Darf ein Christ zweifeln? 128
84. Wie kann ein Christ sterben? 129
85. Macht der christliche Glaube glücklich? 130

Über die Ethik
86. Warum sollte man sich das Wort «Sünde» nicht ausreden lassen? 131
87. Was ist die größte Sünde? 132

88. Was soll ein Christ tun? 132
89. Wer ist für einen Christen «der Nächste»? 133
90. Wie weit reicht das Mitleid? 133
91. Warum soll man Ehrfurcht vor dem Leben empfinden? 135
92. Warum soll man Ehrfurcht vor dem Leiden empfinden? 137

Über das Verhältnis zu anderen Religionen
93. Wird der Christ der Zukunft ein Mystiker sein? 139
94. Läßt sich das Christentum mit den Religionen des Ostens vergleichen? 140
95. Ist das Christentum die absolute Religion? 141
96. Gibt es ein Weltethos der Religionen? 142

Über das Wesen des Christentums
97. Warum ist es so peinlich, über den Glauben zu sprechen? 143
98. Woran erkennt man einen Christen? 144
99. Wie läßt sich das Wesen des Christentums kurz zusammenfassen? 145
100. Warum gibt es auf die wichtigsten Fragen über das Christentum keine eindeutigen Antworten? 146
101. Welche Bücher über das Christentum sollte man lesen? 147

Zu den Abbildungen 150

Gebrauchsanweisung

Wenn nicht alles täuscht, begegnen viele dem Christentum gegenwärtig mit einem neuen Interesse, einer überraschenden Neugier. Die Zeit der altgedienten Kirchenkritik, des bewährten antiklerikalen Protests scheint an ihr Ende gekommen zu sein. Das mag auch daran liegen, daß die hiesigen Kirchen keine bedrohlichen Autoritäten mehr darstellen, von denen man sich wütend befreien müßte. Die Fesseln der christlichen Traditionen sind längst gelockert, viele Menschen haben sie ganz abgeworfen. Doch die Freiheit von der alten Religion ist nicht selten begleitet von Verunsicherung und Verlustgefühlen. Am Ende einer langen Fortschrittsgeschichte fragt man sich, ob unterwegs nicht etwas Kostbares verlorengegangen ist. Zurückgegangen ist ganz offenkundig die religiöse Allgemeinbildung. Ungezählte Umfragen und Quizsendungen zeigen es überdeutlich. Viele Zeitgenossen wissen auf ganz einfache Fragen keine Antwort zu geben. Was wird an Pfingsten gefeiert? Was steht in der Bibel? Worin bestehen die Unterschiede zwischen der evangelischen und der katholischen Kirche? Elementare Fragen, fast möchte man sie Kinderfragen nennen, und doch bringen sie viele Erwachsene ins Stottern. Auffällig aber ist, daß vielen so Befragten ihre Unwissenheit inzwischen selbst peinlich ist. Daß sie so wenig Bescheid wissen, macht sie verlegen. Jeder muslimische Einwanderer, mag er auch den Eindruck erwecken, sozial unterlegen zu sein, scheint die religiösen Hintergründe seiner Kultur weit besser zu kennen.

Das Christentum ist vielen Westeuropäern ein Rätsel geworden. Dieses Taschenbuch kann es nicht vollständig lösen. Es will auch gar nicht alle Fragen beantworten. Es hat nicht den Anspruch, Erschöpfendes zu bieten. Das Christentum ist ein Kosmos für sich. Man bräuchte mehr als nur ein Leben, um es ganz zu durchwandern und zu erforschen. Dieses Buch will nur einige ausgewählte Perspektiven eröffnen und so den Leser neugierig auf weitere, eigene Forschungsreisen machen.

Die Antworten sind keine Lexikonartikel. Natürlich sollen sie einige solide Grundinformationen bieten. Aber ihr Zweck besteht nicht darin, Wissenslücken einfach eilig zuzuschütten. Sie wollen zum eigenen Weiterdenken anregen. Darum sind die meisten Antworten auf eine These hin zugespitzt. Dabei bleibt die religiöse Lebensposition des Autors nicht außen vor. Vom Leser wird keine umstandslose Zustimmung erwartet, wohl aber die Bereitschaft, sich dazu anregen zu lassen, die eigene Lebensposition zu klären. Dazu muß er dieses Buch nicht von vorn nach hinten der Reihe nach durchlesen, sondern kann nach Belieben hin- und herblättern. Beim Blättern wird er des weiteren feststellen, daß dieses Buch nicht nur Wissenswertes enthält. Denn das Christentum ist mehr als eine nur historische Lehre, es ist auch ein gegenwärtiges inneres Leben. Um von diesem inneren Leben einen Eindruck zu vermitteln, bietet dieses Buch neben allerlei Sachinformationen auch Geschichten, Gedichte, Gebete und Gesänge.

Über die gegenwärtige Lage des Christentums

1. Warum läßt Gott die Menschen niemals in Ruhe, umgekehrt auch nicht? Wäre das Christentum ein Patient, man wüßte nicht, welche Diagnose man ihm stellen sollte. So viele haben es schon als hoffnungslosen Fall ausgemacht und jedwede weitere Behandlung für sinnlos erklärt. So viele haben seine Geschichte als Krankheit zum Tode dargestellt. So viele Religionsverächter und Kirchenkritiker haben – besonders während des antiautoritären Kulturumbruchs von 1968 – sein unmittelbares Ableben geradezu herbeigeredet.

Dennoch gibt es das Christentum immer noch. So viele sich auch von ihm abgewandt haben, selbst im säkularisierten Westeuropa ist es weiterhin einer der wichtigsten Kulturfaktoren. In anderen Weltgegenden wie Afrika oder Asien erlebt es sogar einen sagenhaften Aufschwung. Gleichwohl nimmt jedes Gespräch über das Christentum unweigerlich einen krisenschwangeren Unheilston an. Es ist nicht mehr das, was es einmal war. Es ist nicht mehr selbstverständlich. Vielen ist es sehr fremd geworden.

Die Diagnose bleibt unklar. Die alten Eindeutigkeiten in der Beurteilung der religiösen Lage sind hinfällig geworden. Eine unangefochten mehrheitsfähige Christlichkeit gibt es nicht mehr. Zugleich aber hat sich auch eine selbstgewisse Religionskritik überlebt. Niemand wagt es mehr, das Ende der Religionsgeschichte auszurufen. Niemand scheint mehr rechte Lust darauf zu verspüren. Das mag damit zusammenhängen, daß das Christentum nicht mehr so übermächtig ist, daß man sich genötigt sähe, gegen es anzurennen. Ein weiterer Grund ist aber, daß sich immer noch existentielle Fragen stellen, die sich nicht anders als religiös formulieren und beantworten lassen.

Irritiert stellt man fest, daß man so einfach nicht mit dem Thema Religion fertig wird. Diese Verwunderung hat besonders Hans Magnus Enzensberger zur Sprache gebracht. In vielen seiner neueren Gedichte tauchen plötzlich, ganz unvermutet, religiöse Fragen und christliche Motive auf. Eines von ihnen hat den Titel *Tagesordnung* (1999).

Steuerberater anrufen, arbeiten auch.
Brüten über dem Foto einer Frau,
die sich umgebracht hat.
Nachschlagen, wann das Wort *Feindbild*
zum ersten Mal aufgetaucht ist.
Nach dem Donner die Blasen betrachten,
die der Wolkenbruch auf das Pflaster wirft,
und die nasse Luft trinken.
Rauchen auch, ohne Ton fernsehen.
Sich fragen, woher das sexuelle Kribbeln
mitten in einer öden Sitzung kommt.
Sieben Minuten lang an Algerien denken.
Hemmungslos wie ein Zwölfjähriger fluchen
über einen abgebrochenen Fingernagel.
Sich an einen bestimmten Abend erinnern,
vor einundzwanzig Jahren, im Juni,
ein schwarzer Pianist spielte cha cha cha,
und jemand weinte vor Zorn.
Zahnpasta kaufen nicht vergessen.
Rätseln, warum $e^{\pi i} = -1$;
warum Gott die Menschen niemals
in Ruhe läßt, umgekehrt auch nicht.
Glühbirne in der Küche auswechseln.
Die leblose, feuchte, zerraufte Krähe
spitzfingrig vom Balkon holen.
Den Wolken zusehen, den Wolken.
Schlafen, auch schlafen.

Allerlei steht auf der Tagesordnung des Dichters: Wichtiges und Unwichtiges, Hohes und Niedriges, Belangloses und Schreckliches. Und mitten hinein schießt dieses Rätsel: «warum Gott die Menschen niemals in Ruhe läßt». Man kann diesen Vers als fernes Echo auf eine berühmte Formulierung des evangelischen Theologen Paul Tillich lesen: Gott ist das, was einen unbedingt angeht – einen also niemals in Ruhe läßt. Diese Ruhelosigkeit hat zwei Seiten: «warum Gott die Menschen niemals in Ruhe läßt – umgekehrt auch nicht». Beide – Gott und Mensch – kommen anscheinend nicht voneinander los. Aber eine Bekehrung bleibt aus. Das religiöse Rätsel scheint auf und tritt sogleich wieder in den Hintergrund. Plötzlich steht der Gottesgedanke faszinierend im Raum, aber außer einer gewissen Verstörung folgt nichts daraus.

14   *Über die gegenwärtige Lage des Christentums*

Doch zumindest das ist schon bemerkenswert: Das Christentum wird wieder als Verstörungsquelle wahrgenommen. Gerade weil es so fremd geworden ist, fast exotisch erscheint, macht es manche wieder neugierig. Nicht daß man sich ihm wieder anschließen wollte, aber man möchte wieder gern etwas darüber wissen – auch um die eigenen religiösen Irritationen besser zu verstehen. Unendlich viele Fragen stellen sich neu.

2. Warum gibt es immer noch so große Kirchen? Für gewöhnlich sagt man den Kirchen in Westeuropa nach, daß sie sich in einer unendlichen Rezession befinden. Ohne mit Widerspruch zu rechnen, spricht man davon, daß die Kirchen immer bedeutungsloser werden. Nicht, daß diese Situationsbeschreibung falsch wäre, nur bleibt der Vergleichspunkt unklar. Wann wären die Kirchen denn bedeutsam gewesen? Wann genau war die goldene Zeit, nach der es nur noch stetig bergab ging?

Viele orientieren sich an den Jahren unmittelbar nach dem Zweiten Weltkrieg, als die Menschen massenweise wieder zur Kirche zurückkehrten. Das zerstörte «Dritte Reich» hatte ein weltanschauliches Vakuum hinterlassen. Da verhießen die Kirchen, die scheinbar intakt geblieben und vermeintlich schuldlos durch die Katastrophe gegangen waren, eine neue innere Heimat. Damals waren die Kirchen voll, die Jugendarbeit blühte, und Theologen fanden öffentlich Gehör. Doch es war nur ein kurzfristiges Hoch. Schon bald überstieg die Zahl der Austritte wieder diejenige der Eintritte. Aber im Langzeitgedächtnis hat diese Nachkriegskonjunktur so tiefe Spuren hinterlassen, daß man die kirchliche Gegenwart immer noch an ihr mißt.

Um diese Gegenwart präziser zu analysieren, ist es hilfreich, die Frage einmal umzudrehen – also nicht zu fragen, warum es mit den Kirchen immer weiter abwärts geht, sondern warum es in Deutschland immer noch große Volkskirchen gibt. Das ist erstaunlicher, als man meinen sollte.

Vor etwa dreihundert Jahren begann die Aufklärung mit einer umfassenden und grundstürzenden Bibel-, Dogmen-, Kirchen- und Religionskritik. Neue Geistes- und Naturwissenschaften entwarfen ein revolutionär anderes Bild von Mensch und Welt. Ein rasanter gesellschaftlicher Wandel, technische Erfindungen und wirtschaftliche Innovationen schufen eine komplett neue Lebenswelt. Be-

Über die gegenwärtige Lage des Christentums

denkt man noch die politischen Umstürze und Katastrophen, Weltrevolutionen und Weltkriege, dann wird deutlich, wie wenig von der vormodernen Welt übriggeblieben ist, in welcher die christlichen Kirchen entstanden sind.

Nur die Kirchen sind noch übrig. Natürlich sind sie nicht mehr ganz die alten. Auch sie haben sich modernisiert, rationalisiert und säkularisiert. Aber es gibt sie noch – als Kirchen. Sie gründen auf denselben Texten, feiern dieselben Feste, singen dieselben Lieder, bewohnen dieselben Gebäude, verleihen dieselben Titel und Ämter, weisen also ein erstaunliches Maß an Kontinuität auf. Und weiterhin gehört ihnen ein Großteil der Bevölkerung an. Fast noch fünfzig Millionen Deutsche sind Glieder einer christlichen Kirche, und dies, obwohl sie zumeist ihres Glaubens recht unsicher sind und große Distanz zum kirchlichen Betrieb halten.

Hierin zeigt sich die Macht von Traditionen und Institutionen. Es bedarf schon eines gezielten und über zwei, drei Generationen durchgehaltenen Traditionsabbruchs, um eine einmal etablierte Kirchlichkeit ganz abzustellen. Das zeigt der Blick auf die östlichen Bundesländer. Die aggressiv kirchenfeindliche Politik erst der Nationalsozialisten und dann der Kommunisten hat eine weitgehend kirchenfreie Gesellschaft hinterlassen. Anders sieht es in den westlichen Bundesländern aus, wo trotz tiefgreifender Säkularisierung immer noch Volkskirchlichkeit zu finden ist. Warum? Ist es die Macht der Gewohnheit? Vielleicht, aber nicht nur. Ein weiterer Grund mag darin liegen, daß es zum Christentum nur wenige weltanschauliche Alternativen gibt. Die großen Gegenspieler des neunzehnten Jahrhunderts haben sich zurückgezogen: Die Kunst hat sich in die Winkel ihres Betriebs verzogen und hat keine Ambition mehr, als Quasi-Religion aufzutreten; die Philosophie versteht sich als strenge Fachwissenschaft, die nur noch Fakultätsangehörige etwas angeht. Auch die Gegenmächte des zwanzigsten Jahrhunderts – die kommunistischen und faschistischen Ideologien – sind nicht mehr auf dem Markt der weltanschaulichen Möglichkeiten vertreten. Übriggeblieben sind nur die kapitalistische Wirtschaftsordnung und der demokratische Politikbetrieb. Beide haben sich – anscheinend endgültig – durchgesetzt. Sie werden weithin akzeptiert und respektiert, aber man «liebt» sie nicht und «glaubt» nicht an sie. Denn sie befriedigen keine Sinnbedürfnisse.

Es bleibt ein Gefühl der Leere. Die große Alternative zum

Christentum ist heute ein mächtiger, aber auch müder Agnostizismus aus Gleichgültigkeit. Für denjenigen, dem seine eigenen Sinnbedürfnisse nicht gleichgültig sind, bedeutet dies, daß das Christentum und die Kirchen, die es tradieren und öffentlich präsent halten, zumindest interessant sind. Um diesem Interesse nachgehen zu können, bedarf es aber einiger Grundkenntnisse, die weithin verlorengegangen sind. Es braucht Antworten auf so einfache Fragen wie diejenige, was eigentlich das Wort «Bibel» bedeutet.

Über die Bibel

3. Was bedeutet das Wort «Bibel»? Der Name der heiligen Schrift der Christen leitet sich von einem schlichten Städtenamen ab. Aus der phönizischen Hafen- und Handelsstadt Byblos, dem heutigen libanesischen Djubail, bezogen die Griechen bevorzugt das ägyptische Papyrus, das antike Papier. Byblos stand Pate für das griechische Wort «biblon», übersetzt «Buch». Die Mehrzahl von «biblon», «biblia», wurde dann zum Namen der heiligen Schrift. «Bibel» bedeutet also ganz profan «Bücher».

Das ist insofern einleuchtend, als die Bibel kein einzelnes Buch ist, sondern eine Sammlung von Büchern, eine kleine Bibliothek. Besser gesagt, die Bibel setzt sich aus zwei Bibliotheken zusammen. Das Alte Testament umfaßt insgesamt 39 Bücher. Diese gliedern sich in drei Untergruppen: 1. Geschichtsbücher, welche die Geschichte des Alten Israels erzählen; 2. prophetische Bücher, welche die Offenbarungen und Erlebnisse der «Sprecher Gottes» überliefern; 3. Lehrbücher und Psalmen, welche weisheitliche Lebenslehren und Gebete versammeln. Das Neue Testament umfaßt 27 Bücher und gliedert sich ebenfalls in drei Untergruppen: 1. Evangelien, welche die Geschichte Jesu und seiner Jünger erzählen; 2. Briefe, welche die Schreiben der Apostel, also der Boten Christi, an ihre Gemeinden überliefern; 3. ein prophetisches Buch, die Offenbarung des Sehers Johannes.

Nur halb zur Bibel gehören die «Apokryphen», die sogenannten «verborgenen» zehn Bücher, die in der Zeit zwischen dem Alten und Neuen Testament entstanden sind. Das rabbinische Judentum, das sich im ersten Jahrhundert nach Christus gebildet hat, hat sie in seinen Kanon nicht aufgenommen. In katholischen Bibelausgaben sind die Apokryphen dagegen wie selbstverständlich enthalten. Die Reformatoren wiederum kehrten zum rabbinischen Kanon zurück, weil sie ausschließlich Bücher in das Alte Testament aufgenommen sehen wollten, die ursprünglich auf Hebräisch oder Aramäisch verfaßt worden sind. Die griechischen Apokryphen finden sich in evangelischen Bibelausgaben darum nur im Anhang.

4. Kann man den Inhalt der Bibel in einem Satz zusammenfassen? Aus dem Nichts erschuf Gott Himmel und Erde, die Pflanzen- und Tierwelt sowie die Menschheit, aus der er sich das kleine Volk Israel auserwählte und ihm das «Gelobte Land» Kanaan schenkte, doch die Israeliten erwiesen sich als undankbar und untreu, sie liefen fremden Göttern nach, weshalb Gott sie feindlichen Großmächten auslieferte, nachdem er durch seine Propheten deutliche Warnungen hatte ergehen lassen, doch es geschah, wie es vorhergesagt worden war, nacheinander unternahmen die Assyrer und Babylonier Eroberungszüge ins «Heilige Land» und stürzten die israelitischen Könige vom Thron, zerstörten den Jerusalemer Tempel und verschleppten das Volk, bis die Perser die Herrschaft der damals bekannten Welt ergriffen und den Israeliten die Rückkehr aus dem Exil und den Wiederaufbau ihrer Heimat gestatteten, doch zur alten Größe kehrte Israel nicht mehr zurück, sondern es wurde schließlich eine kleine Provinz im Riesenreich der Römer, doch trat im galiläischen Hinterland ein neuer Prophet auf, Jesus von Nazareth, der verkündete, daß Gottes Reich unmittelbar bevorstünde, er sammelte Jünger um sich, wurde aber bald in Jerusalem als Aufrührer hingerichtet, jedoch verkündeten seine Jünger, daß er von den Toten auferstanden und darum als Gottes Sohn zu verehren sei, sie gründeten eine neue Gemeinschaft, die über das Judentum hinauswuchs und zur Weltreligion wurde.

5. Wie ist die Bibel entstanden? Wer die Entstehungsgeschichte der Bibel verstehen will, muß sich von zwei Vorstellungen über das Bücherschreiben freimachen, die erst sehr viel später aufgekommen sind. Zunächst von der im sechzehnten und siebzehnten Jahrhundert fixierten Lehre von der Verbalinspiration, wonach Gott selbst durch seinen Heiligen Geist einer Handvoll frommer Männer seine Botschaft direkt in die Feder gegeben habe. Diese Lehre läßt

18   *Über die Bibel*

sich leicht als eine theologische Rationalisierung durchschauen, welche der offenkundigen Unebenheit, Brüchigkeit und Widersprüchlichkeit der biblischen Texte nicht gerecht wird. Sodann muß man sich von der modernen Idee lösen, große Bücher würden von einzelnen großen Männern geschrieben. Was man heute unter einem «Schriftsteller» versteht, verdankt sich weitgehend dem Genie-Gedanken des achtzehnten und neunzehnten Jahrhunderts. Zu biblischen Zeiten jedoch kannte man noch keine individuellen «Autoren». Deshalb sind auch die meisten Autorenangaben in der Bibel – nach heutigem Verständnis – falsch. Die fünf Bücher Mose wurden nicht von Mose selbst geschrieben, sondern ihm später zugeschrieben. Dasselbe ist von den Königen David und Salomo zu sagen. Der erste hat nicht die Psalmen und der zweite nicht die Bücher der Sprüche und des Predigers verfaßt. Der einzige biblische Schriftsteller, der als Person wirklich greifbar ist, ist der Apostel Paulus. Aber einige Briefe, die unter seinem Namen firmieren, sind von seinen Schülern geschrieben worden, z. B. der Epheserbrief. Man muß darin keine mutwillige Fälschung sehen. Denn das heutige Verständnis von «Echtheit» gab es noch gar nicht. Es galt als legitim, seine Schriften unter die Autorität eines verehrten Lehrers zu stellen und unter dessen Namen zu verbreiten. Es hätte sogar als Anmaßung gegolten, hätten alle diejenigen, die einen Textbeitrag zur Bibel geliefert haben, als individuelle «Autoren» auftreten wollen.

Die Bibel ist also zum großen Teil ein kollektives Werk, das über einen Zeitraum von fast tausend Jahren langsam und unmerklich herangewachsen ist. Dieses Wachstum begann lange bevor der erste auch nur einen Buchstaben geschrieben hat. Die Bibel ist in ihren Anfängen ein Werk mündlicher Überlieferungen. Es sind Sagen, die über Generationen hinweg erzählt wurden. Es sind Gesänge, die Jahr für Jahr an den großen Festen gesungen, und Gebete, die wieder und wieder gesprochen wurden. Es sind Prophetenworte, die von ihren Schülern weitergesagt und dabei hin- und hergedreht wurden. Erst relativ spät wurden diese mündlichen Traditionen aufgeschrieben. Doch mit der Verschriftlichung war das Wachstum noch nicht abgeschlossen. An den Texten wurde weiter gearbeitet. Redakteure fügten Neues hinzu und schrieben Altes im Licht neuer religiöser Erfahrungen und theologischer Lehren um. Die Bibel ist wie ein Berg, der sich aus vielen Schichten höchst unterschiedlichen Materials zusammensetzt, und diese Sedimente fügen sich nicht

Über die Bibel 19

immer ineinander. Häufig liegen Brüche, Kanten und Verwerfungen offen zu Tage.

Die historisch-kritische Bibelauslegung des aufgeklärten Protestantismus hat seit dem achtzehnten Jahrhundert umfangreiche textgeologische Untersuchungen angestellt, um die Schichten auseinanderzulegen und nach Alter, Herkunft sowie theologischer Perspektive zu bestimmen. Man muß heute eingestehen, daß dies ein fast aussichtsloses Unterfangen ist. Über einzelne erfolgreiche Tiefenbohrungen ist man nicht hinausgekommen. Es gibt gerade in der Exegese des Alten Testaments kaum noch Ansätze für einen Forschungskonsens. Der Berg behält das Geheimnis seiner Entstehung weitgehend für sich.

Was für das Alte Testament gilt, gilt ebenso für das Neue, wenn auch der Zeitraum seiner Entstehung sehr viel kürzer ist. Die ältesten Texte sind die echten Paulusbriefe. Sie sind zwischen 50 und 65 n. Chr. entstanden. Die Evangelien sind in ihrer schriftlichen Endgestalt jünger als die paulinischen Briefe. Älter sind sie aber insofern, als sie Textbausteine versammeln, die seit dem Tod Jesu (ca. 30 n. Chr.) mündlich tradiert worden sind. Das älteste Evangelium ist dasjenige des Markus. Es muß kurz vor der Zerstörung Jerusalems (70 n. Chr.) verfaßt worden sein. Das jüngste Evangelium ist dasjenige von Johannes. Es stammt aus der Mitte der 90er Jahre n. Chr.

6. Was unterscheidet die Bibel der Juden von der Bibel der Christen? Juden und Christen teilen sich eine ihrer heiligen Schriften. Gemeinsamer Besitz ist ihnen das «Alte Testament», das die Juden «Tenach» oder die «Hebräische Bibel» nennen, weil sie das «Neue Testament» der Christen nicht anerkennen. Auch die Juden haben noch eine weitere heilige Schrift, nämlich den Talmud, der die alten rabbinischen Auslegungen der Tora enthält.

Einen gemeinsamen Besitz angemessen zu teilen, so daß jeder zu seinem Recht kommt, ist schwer. Das Verhältnis von Altem und Neuem Testament ist darum komplex. Es ist so vielschichtig wie das Verhältnis von Judentum und Christentum überhaupt. Einerseits läßt sich das Neue Testament nur vor dem Hintergrund des Alten verstehen. Andererseits lesen Christen das Alte auf das Neue Testament hin und deuten es deshalb in wichtigen Aspekten anders, als Juden es tun würden.

20   *Über die Bibel*

So verbinden zum einen viele Gemeinsamkeiten die beiden Testamente. Beide verkünden den Glauben an den einen Gott, den Schöpfer der Welt und den Herrn der Geschichte. Beide geben den Menschen Gebote für ein gutes Leben. Beide pflegen eine einzigartige persönliche Frömmigkeit. Zum anderen jedoch gibt es auch Unterschiede zwischen den Testamenten. Im Zentrum des Neuen Testaments steht Jesus Christus. Von ihm ist im Alten Testament noch nicht die Rede.

Die frühen Christen hatten bei den Propheten und in den Psalmen Vorverweise auf ihren Heiland gesucht und auch gefunden. So konnten sie sich selbst zu den eigentlichen Erben des Alten Israel erklären. Diese Deutung ist nicht mehr möglich, denn es hat sich inzwischen gezeigt, daß eine solche Interpretation das Alte Testament christlich vereinnahmt. Darum ist es heute eine wichtige Aufgabe der christlichen Theologie, den eigenen, mitunter fremden Sinn der Hebräischen Bibel zu erkunden und sie dennoch als die gemeinsame Wurzel des Judentums und des Christentums zu verstehen.

7. Stammt das Christentum vom Judentum ab? Es ist nicht einfach, das Verhältnis von Judentum und Christentum zu bestimmen. Häufig wird gesagt, daß beide sich wie Mutter und Tochter zueinander verhalten. Das ist insofern angemessen, als das Christentum aus dem antiken Judentum hervorgegangen ist, es also ohne seine jüdischen Voraussetzungen nicht zu verstehen ist. Zudem ist die Metapher von Mutter und Tochter hilfreich, weil sie eine Korrektur der traditionell schroffen Absetzung des Christentums vom Judentum darstellt, also der jahrhundertealten christlichen Judenfeindschaft entgegenwirkt.

In anderer Hinsicht ist die Rede von Mutter- und Tochterreligion allerdings mißverständlich. Denn dasjenige, was heutzutage als Judentum gilt, war nicht eindeutig vor dem Christentum da. Das antike Judentum war äußerst vielgestaltig und setzte sich aus einer Reihe unterschiedlichster und teilweise widerstrebender Richtungen und Parteien zusammen. Was heute als die «normale» Gestalt des Judentums angesehen wird, hat sich selbst erst langsam entwickelt und zwar parallel zu und in kritischer Auseinandersetzung mit dem frühen Christentum. Das rabbinische Judentum und das Christentum verhalten sich weniger wie Mutter und Tochter zueinander, sondern eher wie zwei Geschwister, die miteinander aufgewachsen und groß

Über die Bibel 21

geworden sind, wobei sie voneinander gelernt und sich gegeneinander profiliert haben. Um die eigene Religion zu verstehen, müssen sich also nicht nur die Christen mit dem Judentum, sondern müßten sich auch die Juden mit dem Christentum auseinandersetzen.

8. Was unterscheidet die Bibel vom Koran? Im Vergleich zur Bibel erscheint der Koran, als wäre er «aus einem Guß». Gott soll ihn – vermittelt durch den Erzengel Gabriel – dem Analphabeten Mohammed direkt diktiert haben, und dieser soll ihn dann seinen Sekretären weiterdiktiert haben. Der Koran wird als das authentische Wort Gottes verstanden. Deshalb kann er eigentlich nicht übersetzt werden. Muslime aus aller Welt und allen Sprachen müssen folglich Arabisch lernen. Denn Gott hat sich nur in dieser Sprache letztgültig geäußert.

Diese Vorstellung ist dem Christentum fremd. Wie selbstverständlich wurde die Bibel in alle Sprachen übersetzt. Auch wenn es Strömungen gegeben hat und immer noch gibt, die eine «Verbalinspiration» lehren, wird im Christentum unter «Wort Gottes» im strengen Sinne Jesus Christus verstanden. Die Bibel ist nicht das «Wort Gottes» selbst, sondern ein Zeugnis von ihm. Diese Unterscheidung ermöglicht eine differenzierte Lektüre. Dies zeigt sich besonders bei den Theologen des aufgeklärten Protestantismus, die im achtzehnten Jahrhundert damit anfingen, die Bibel mit den Methoden der entstehenden modernen Geschichtswissenschaft zu untersuchen. Wie alle anderen antiken Quellen prüften sie die biblischen Texte auf ihren historischen Wahrheitsgehalt und stellten fest, daß die meisten keineswegs akurate Geschichtsschreibung bieten, sondern Legenden und Sagen. Damit unternahmen die Theologen des aufgeklärten Protestantismus eine religionsgeschichtlich einzigartige, historische Kritik an ihrer «Heiligen Schrift» – und zwar im festen Vertrauen darauf, daß das Wesentliche des christlichen Glaubens dadurch nicht verloren gehen, sondern nur um so klarer zur Geltung kommen würde. Diese historisch-kritische Lesart der Bibel wird seit langem auch in Teilen der katholischen Theologie und beim liberalen Judentum gepflegt.

In der muslimischen Welt gibt es dafür jedoch keine Ansätze. Dabei böte der Koran durchaus Stoff für eine historisch-kritische Betrachtung. Viele Suren scheinen christlich-jüdische Vorbilder zu besitzen. Es gibt viele überraschende Parallelen zwischen dem Islam und den alten Kirchen des Nahen Ostens, die Mohammed gekannt haben dürfte. Ganz so unmittelbar scheint der Koran nicht aus Gottes Mund gekommen zu sein. Aber eine historisch-kritische Beleuchtung ihrer Heiligen Schrift scheint den allermeisten Muslimen zur Zeit nicht möglich zu sein.

In einer anderen Perspektive aber rücken Koran und Bibel wieder näher zusammen. Es gibt im Islam noch eine weitere Lesart, nach der sich die Heiligkeit des Korans nicht darin erweist, daß er buchstäblich Gottes Werk ist, sondern dadurch, daß er Menschen verzaubert. An der unvergleichlichen Schönheit des Korans zeige sich, daß er ein göttliches Buch sei. Vergleichbares ließe sich auch über die Psalmen und Evangelien sagen.

9. Muß ein Christ alles glauben, was in der Bibel steht? Das Christentum ist eine Buchreligion. Es gründet auf dem schriftlichen Zeugnis von den Offenbarungen Gottes. Das bedeutet aber nicht, daß ein Christ alles glauben muß, was in der Bibel steht. Überhaupt ist es widersinnig zu sagen, daß etwas geglaubt werden *muß*. Glaube ist etwas anderes als Gehorsam. Man kann ebensowenig dazu verpflichtet werden, etwas zu glauben, wie man auf Befehl dankbar sein oder einen anderen Menschen lieben kann. Glaube kann sich nur in Freiheit entfalten.

Es wäre absurd, moderne Menschen auf mythologische Vorstellungen festzulegen, die einem vergangenen Weltbild entstammen. Zudem sind sie oft gar nicht spezifisch biblisch oder christlich. Geschichten über exorbitante Überschwemmungen wie die Sintflut, unglaubliche Kriegserfolge wie den von Jericho oder mirakulöse Heilungen sind kein Sondergut der Bibel, sondern waren im Alten Orient weit verbreitet. Wer also modernen Bibellesern einen Wunderglauben abverlangt, macht sie noch nicht zu Christen, sondern versetzt sie intellektuell lediglich in die Welt der vorderasiatischen Antike.

Wer die Bibel etwas genauer liest, wird außerdem feststellen, daß es gar nicht ihr eigentliches Anliegen ist, einen solchen Mirakelglauben zu wecken. Die Heilungsgeschichten des Neuen Testaments zeigen dies ganz deutlich. Ihnen geht es nie um das Wunder an sich, sondern um das, was es auslöst. Sie zielen auf einen Hintersinn, einen geistlichen Gehalt. Zum Beispiel die Erzählung von der Heilung des Gelähmten (Markus 2,1–12): Männer wollen einen Ge-

Über die Bibel 23

lähmten zu Jesus bringen. Doch das Haus, in dem Jesus sich befindet, ist überfüllt. Sie kommen nicht durch. Deshalb steigen sie auf das Dach und deckten es soweit ab, daß sie ihren Freund auf seiner Trage herunterlassen können. So schwebt er herab. Jesus schaut auf und sagt zu ihm, daß ihm seine Schuld vergeben und alles von ihm genommen sei, was ihn belastet. Dann fügt er hinzu: «Nimm deine Trage und geh.» Und der Gelähmte steht auf und geht. Die Gesprächspartner Jesu sind empört. Wie kann Jesus einem Menschen seine Schuld vergeben? Setzt er sich damit nicht an die Stelle Gottes?

Hier fällt sofort auf, daß das Wunder selbst kaum der Rede wert zu sein scheint. Das eigentliche Glaubensthema ist etwas ganz anderes, nämlich die Frage nach der Vollmacht Jesu, die sich in seiner vorbehaltlosen Annahme Behinderter und seiner bedingungslosen Bereitschaft zur Vergebung zeigt.

Viele biblische Texte unterscheiden von sich aus zwischen Buchstabe und Geist. Paulus formuliert es so: «Der Buchstabe tötet, aber der Geist macht lebendig» (2. Korintherbrief 3,6). Reine Buchstabentreue tötet den Glauben ab, nur die Einsicht in den Geist der Bibel weckt einen lebendigen Glauben. Daran hat der evangelische Theologe Friedrich Schleiermacher angeknüpft, als er bemerkte, daß ein Satz nicht deshalb christlich sei, weil er in der Bibel stehe; vielmehr stehe er in der Bibel, weil er christlich sei. Insofern ist das Christentum keine Buchreligion, sondern eine Religion des Geistes.

10. Kann ein Naturwissenschaftler an die Schöpfungsgeschichte glauben? Die Bibel bietet keine stimmige Weltentstehungstheorie, sondern Schöpfungsgeschichten, die vom Grund und Sinn des Lebens erzählen. Die bekannteste findet sich in den ersten beiden Kapiteln des Alten Testaments (1. Mose 1f):

Am Anfang hat Gott den Himmel geschaffen und die Erde. Die Erde war noch wüst und leer, und es war finster. Der Geist Gottes schwebte einsam über den dunklen Wassern. Da sagte Gott: «Es werde Licht!» Und es wurde hell. Und Gott sah, daß das Licht gut war. Gott schied das Licht von der Finsternis und nannte es «Tag». Die Finsternis nannte er «Nacht». So wurde aus Finsternis und Licht der erste Tag. Am zweiten Tag baute Gott den Himmel über der Erde. Am dritten Tag trennte er das Wasser vom Festland, und er ließ Pflanzen wachsen auf der Erde. Am vierten Tag setzte er Lichter an den Himmel: den Mond, die Sterne und die Sonne. Am fünften Tag schuf Gott die Tiere des Meeres und des Himmels, Fische und Vögel. Am sechstenTag schuf er die Tiere, die auf dem Land leben. Und er sagte zu allen Tieren: «Vermehrt euch und breitet euch aus über die ganze Erde.» Schließlich sagte Gott zu sich selbst: «Ich will etwas schaffen, das mir ähnlich ist.» Und er schuf den Menschen als sein Bild. Er schuf ihn als Mann und Frau. Und er segnete sie und sagte: «Vermehrt euch und bevölkert die Erde. Ich vertraue sie euch an.» Und am Abend des sechsten Tages sah Gott alles an, was er geschaffen hatte. Und es war sehr gut. Am siebten Tag aber ruhte er sich aus.

Dieser Siebentagebericht ist ungefähr im sechsten Jahrhundert v. Chr. im babylonischen Exil entstanden. Er orientiert sich am altorientalischen Weltbild, demzufolge die Erde eine Scheibe ist. Diese Scheibe ist oben und unten von Chaoswassern umgeben. Die Scheibe ruht auf mächtigen Säulen. Über ihr wölbt sich die Himmelskuppel wie eine Käseglocke. An dieser sind die Gestirne befestigt. Dieses Bild von der Welt ist – ebenso wie die Geschichte ihrer Erschaffung in nur sieben Tagen – durch die Einsichten der modernen Naturwissenschaften überholt.

Dennoch läßt sich dem Siebentagebericht ein tieferer Sinn abgewinnen. Dieser besteht darin, daß er Grundstrukturen des Lebens nachzeichnet. Das Leben beginnt dort, wo sich Ordnung einstellt, wo sich die Dinge unterscheiden lassen und die Unterschiede einen Rhythmus ergeben: Tag und Nacht, Wasser und Erde, Arbeit und Ruhe. Diese Welt hat einen Grund und einen Ursprung: Gott. Sie hat einen Wert: Sie ist schön und gut. Sie hat einen Mittelpunkt: Das ist der Mensch. Sie hat ein Ziel: Das ist der siebte Tag der Ruhe. Der Mensch ist kein Zufallsprodukt der Evolution, sondern Gottes Ebenbild. Gott hat ihm eine unvergleichliche Würde verliehen und ihm zugleich eine große Aufgabe anvertraut. Der Mensch soll an seiner Stelle für die Erde verantwortlich sein.

Als kosmologische und biologische Theorie ist die erste Schöpfungsgeschichte der Bibel für einen modernen Naturwissenschaftler kein Thema mehr. Ob er jedoch diese Geschichte als Sinngeschichte annimmt, liegt auf einer anderen Ebene. Das wäre eine religiöse Entscheidung, die jenseits der Fortschritte naturwissenschaftlicher Erkenntnisse steht.

Über die Bibel

11. Kann ein moderner Gehirnforscher an die Existenz der Seele glauben? In der Neuzeit ist nicht nur die Vorstellung eines Schöpfergottes in weite Fernen entschwunden, sondern auch dessen Pendant: der Begriff der Seele. Für das vormoderne Verständnis vom Menschen war die Seele von höchster Wichtigkeit. Der Mensch ist mehr als nur ein Körper. Das, was ihn wahrhaft lebendig sein läßt, ist seine Seele. Sie bildet das Zentrum seines inneren Erlebens und seiner Persönlichkeit. Sie ist der innere Ort, an dem er Gott erfährt. Sie ist ein ewiger Funke im Menschen, der ihm die Hoffnung auf Unsterblichkeit verbürgt.

Die vormoderne Seelenlehre ging davon aus, daß die Seele eine immaterielle Substanz im menschlichen Körper sei, ein geistiges «Ding», das man in dieser oder jener Körperregion verorten könnte. Mit solchen Vorstellungen hat die neuere Gehirnforschung endgültig aufgeräumt. Eine Seelensubstanz läßt sich im menschlichen Gehirn nicht nachweisen. Denn dieses ist ein komplexer Funktionszusammenhang ohne irgendwelche metaphysischen Bestandteile. In diesem Sinn kann ein moderner Neurophysiologe nicht mehr an die Existenz der menschlichen Seele glauben – und zwar aus guten Gründen.

Andererseits jedoch gibt es bei einigen Gehirnforschern eine problematische weltanschauliche Tendenz. Sie gehen über ihre konkreten Forschungsergebnisse hinaus und versuchen, alle geistigen Phänomene auf körperliche Vorgänge zurückzuführen. Alles, was man früher als seelisches oder geistiges Leben beschrieben hat, wird so auf eine bloße Gehirnfunktion reduziert. So arbeiten manche moderne Gehirnforscher an einem Verständnis des menschlichen Ich, das jede religiöse – aber auch jede geistige – Selbstdeutung unmöglich macht.

Aber es gibt gute philosophische Gründe, den Begriff der Seele – oder auch des Geistes – zu verteidigen. Die Verabschiedung der vormodernen Seelenmetaphysik ist nicht erst ein Werk der Neurophysiologie des einundzwanzigsten Jahrhunderts, sondern schon der kritischen Erkenntnistheorie Immanuel Kants im achtzehnten Jahrhundert. Kant hatte die Vorstellung einer Seelensubstanz zerstört, ohne jedoch einem materialistischen Reduktionismus das Wort zu reden. Er hatte eingeschärft, daß zwischen natur- und geisteswissenschaftlichen Theorien ein tiefer Graben liegt. Es ist eines, neuronale Impulse im Gehirn zu erfassen, und etwas völlig anderes,

26 *Über die Bibel*

den Sinn von Bewußtseinsinhalten zu begreifen. Der Schmerz, den das «Ich» empfindet, wird nicht dadurch vollständig erklärt, daß man die Gehirnströme mißt, die dieses Gefühl begleiten. Zwischen beiden Ebenen liegt ein kategorialer Unterschied. Ein gutes Beispiel dafür, daß der Geist etwas anderes ist als eine naturwissenschaftlich erfaßbare Nervenaktivität, ist die Wahrheitsfrage. Ein Neurophysiologe mag vielleicht aufzeigen, welche Gehirnströme und Nervenschaltungen eine bestimmte gedankliche Vorstellung begleiten. Warum wir diese Vorstellung als wahr und gültig anerkennen, kann er aber nicht erklären. Hierfür muß man sich immer noch an die Logiker und Erkenntnistheoretiker wenden. Von diesen ist auch der Gehirnforscher abhängig, wenn er die formalen Wahrheitsbedingungen seiner Aussagen erfahren möchte.

So gibt es zwei gleichberechtigte Deutungen des menschlichen Bewußtseins, die sich nicht aufeinander reduzieren lassen. Selbstverständlich kann man die Seele nicht mehr als körperlose Substanz, als immaterielles Ding an sich, verstehen. Doch als Inbegriff des inneren Lebens eines Menschen läßt sie sich nicht in neuronale Funktionen auflösen. Was wäre dies auch für eine Verarmung – ein Mensch ohne Seele. Insofern ist auch für einen modernen Gehirnforscher die besorgte Frage des Theologen von Belang, was es denn hülfe, wenn der Mensch sein Gehirn erforschte, aber dabei Schaden nähme an seiner Seele.

12. Wer hat den Monotheismus erfunden? Im vierzehnten Jahrhundert v. Chr. wagte der ägyptische Pharao Amenophis IV. etwas Ungeheuerliches. Er stürzte die altehrwürdigen Götter von ihren Thronen und machte den Sonnengott Aton zum Alleinherrscher der Erde und des Himmels. Er legte seinen Namen ab und ließ sich fortan Echnaton nennen. Doch religiöse Umbrüche lassen sich nicht von oben befehlen. Nach seinem Tod erhoben sich die gestürzten Priester und richteten den alten Götterhimmel wieder auf. Ihren revolutionären Pharao und seine neue Religion gaben sie dem Vergessen anheim. Der erste Versuch, eine monotheistische Religion aufzurichten, blieb ohne Folgen. Erst die moderne Archäologie brachte ihn wieder ans Licht des Tages – zusammen mit der wunderbaren Büste von Echnatons Frau, Nofretete.

Der Glaube an nur einen einzigen Gott, wie man ihn heute kennt, ist nicht in Ägypten entstanden. Ihn aufgerichtet und den heidni-

Über die Bibel 27

schen Polytheismus verdrängt zu haben, ist die welthistorische Mission des Alten Israels gewesen. Sie wird in der biblischen Tradition mit dem Namen Mose verknüpft. Mose habe aus einem brennenden Dornbusch heraus die Stimme des einzig wahren Gottes vernommen. In seinem Namen habe er das Volk Israel aus der ägyptischen Gefangenschaft befreit, durch die Wüste geführt und zum «Gelobten Land» gebracht. Dies soll sich irgendwann im dreizehnten Jahrhundert v. Chr. ereignet haben. Doch anders als bei Echnaton läßt sich Mose als historische Gestalt nicht mehr fassen. Obwohl er die Zentralgestalt des Alten Testaments ist, verschwimmt sein Bild in Legenden. Zudem ist es zweifelhaft, ob der israelitische Monotheismus mit einem Mal und durch einen einzigen Propheten aufgerichtet wurde. Wahrscheinlicher ist es, daß Israel erst allmählich und auf vielen Umwegen zur exklusiven Verehrung Jahwes gefunden hat.

Der erste Vertreter eines konsequenten Monotheismus ist wahrscheinlich ein Prophet gewesen, dessen Name nicht überliefert worden ist. Man nennt ihn Deuterojesaja, weil seine Worte im zweiten Teil des Jesaja-Buches überliefert sind (Jesaja 40–55). Er trat erst im sechsten Jahrhundert v. Chr. auf und zwar im babylonischen Exil. Den heimatvertriebenen Israeliten verkündete er die frohe Botschaft, daß ihr Gott sie nicht vergesse habe, sondern zurück in ihre Heimat führen werde. Bei Deuterojesaja findet man endlich alle wesentlichen Momente des Monotheismus, die für die drei großen Religionen des Westens – Judentum, Christentum und Islam – prägend werden sollten:

– Es gibt nur einen einzigen Gott. Er ist eifersüchtig und duldet es nicht, wenn falsche Götter verehrt werden.
– Gott ist der Schöpfer der Welt. Er ist kein Bestandteil der Natur, sondern steht ihr gegenüber.
– Gott ist der Herr der Geschichte.
– Gott übersteigt alle menschlichen Gottesbilder. Er sprengt das menschliche Fassungsvermögen, aber er offenbart sich ausgewählten Propheten durch sein Wort.
– Gott ist unverfügbar. Er läßt sich nicht abbilden oder durch magische Praktiken in Dienst nehmen.

13. Ist die Bibel ein Gesetzbuch? Das Alte Testament enthält 248 Gebote und 365 Verbote, also insgesamt 613 Bestimmungen, die das soziale Leben im Alten Israel und seine Beziehung zu Gott regeln sollten. Einige dieser Gesetze verkünden eine allgemeinmenschliche Moralität. Die Mehrheit aber ist der kultischen Unterscheidung von «rein» und «unrein» verpflichtet. So wird minutiös vorgeschrieben, was ein Mensch wann und auf welche Weise essen darf. Ein allgemeinmenschlicher Sinn läßt sich diesen Vorschriften nicht abgewinnen. Das ist auch gar nicht ihr Anliegen. Dieses besteht vielmehr darin, das auserwählte Volk von seiner heidnischen, «unreinen», Umwelt abzugrenzen und so die Identität Israels zu bewahren.

Jesus hat gegen diese kultische Scheidung von «rein» und «unrein» protestiert und sie durch die moralische Unterscheidung von «gut» und «böse» ersetzt. Souverän hat er zentrale Gebote des Alten Testaments mißachtet, indem er sich z. B. unbefangen kranken, also «unreinen», Menschen zuwandte oder indem er den Sabbat dadurch «verunreinigte», daß er anderen half. Die Moralität, die er an die Stelle des Gesetzes setzte, hat Jesus jedoch nicht erfunden, sondern wiederum dem Alten Testament entnommen. Dort findet sich sein Doppelgebot der Liebe vorformuliert: «Du sollst Gott lieben und deinen Nächsten wie dich selbst.» Neu aber ist die Radikalität, mit der Jesus sich nur auf dieses eine «Doppelgesetz» konzentriert und alle anderen 611 Vorschriften ausgeblendet hat. Revolutionär ist, wie Jesus die religiöse Moral vereinfacht hat.

Diese Überwindung des Gesetzes hat Paulus theologisch ins Prinzipielle gewendet. Paulus hat erklärt, daß das alttestamentliche Gesetz für einen Christen keine Geltung mehr besitzt. Damit wird dem Christen eine große Freiheit und Eigenverantwortlichkeit zugesprochen. Wie er leben soll, kann er nicht einem umfangreichen Gesetzeswerk entnehmen. Er muß die Frage, wie er die «einfache» Moral Jesu in seinem komplizierten Leben umsetzen soll, selbst entscheiden – im Geist der Liebe.

14. Wie hat man ursprünglich die Psalmen gesungen? Die Psalmen sind religiöse Lieder. Das griechische Wort «psalmos» heißt übersetzt «zum Saiteninstrument gespieltes Lied». Eine Reihe von Psalmen beginnt mit kleinen Regieanweisungen, welche die Instrumentierung nennen: «vorzusingen beim Saitenspiel», «vorzusingen zum Flötenspiel» oder «vorzusingen auf der Gittit», wobei aller-

Über die Bibel 29

dings unklar ist, ob die Gittit ein Musikinstrument oder eine Tonart ist. Andere Vorsprüche geben einen Hinweis auf die Melodie: «vorzusingen nach der Weise ‹Schöne Jugend›» – das klingt nach einem Volkslied – oder nach dem Jagdlied «Die Hirschkuh, die früh gejagt wird» oder nach dem Hochzeitslied «Lilien».

Da die Alten Israeliten aber keine Notenschrift entwickelt haben, sind all diese Melodien längst vergessen. Heute besitzt man nicht einmal mehr eine Ahnung davon, wie die Psalmen ursprünglich geklungen haben mögen. Selbst ihr Metrum ist nicht mehr recht auszumachen. Man weiß nur mit einiger Bestimmtheit, daß die meisten Psalmen beim Tempelkult und zu den großen Festen gesungen worden sind.

Daß die ursprüngliche Psalmenmusik unwiederbringlich verloren ist, muß man nicht bedauern. Die Kompositionen, die an ihre Stelle getreten sind, ersetzen sie mehr als reichlich. Kaum eine Textgruppe ist in der europäischen Musikgeschichte so oft und so unterschiedlich in Töne umgesetzt worden: von der Gregorianik über Bach bis hin zu Arvo Pärt. Die Psalmen scheinen von sich aus zur Vertonung zu drängen.

Ihre Faszination läßt sich nicht leicht erklären. Dabei ist ihre «Machart» keineswegs sehr kompliziert. Ihr hervorstechendes Formmerkmal ist der «Parallelismus membrorum», die Parallelität der Teile, nach der zwei Verse aufeinanderfolgen, die im gleichen Aufbau dasselbe sagen. Dieser Parallelismus bewirkt eine hochgradige thematische Konzentration und eröffnet zugleich reiche Variationsmöglichkeiten:

> Lobe den Herrn, meine Seele,
>   und was in mir ist, seinen heiligen Namen!
> Lobe den Herrn, meine Seele,
>   und vergiß nicht, was er dir Gutes getan hat:
> der dir alle deine Sünde vergibt
>   und heilet alle deine Gebrechen,
> der dein Leben vom Verderben erlöst,
>   der dich krönet mit Gnade und Barmherzigkeit,
> der deinen Mund fröhlich macht,
>   und du wieder jung wirst wie ein Adler. (Psalm 103,1–5)

Wie die Dichtung der deutschen Romantik kreisen die Psalmen um überraschend wenige, dafür aber um so stärkere Bilder: der Baum, der Hirte, der König, die wilden Tiere, das dunkle Tal, der Himmel, die Berge, die Burg, der Felsen, die Feinde, der Engel. Diese Bilder sind einer archaischen Welt entnommen, besitzen aber eine überzeitliche, archetypische Aussagekraft, so daß auch moderne Menschen sich in sie hineinversetzen und hineinlesen können.

Alle menschenmöglichen Stimmungen finden in diesen Bildern sprachliche Gestalt: Lob und Dank, Euphorie und Ehrfurcht, Scham und Furcht, Verzweiflung und Wut, Vertrauen und Gewißheit. Dabei erzählen die Psalmen niemals individuelle Seelenerlebnisse. Sie sind das glatte Gegenteil von sentimentalen Herzensergießungen, nämlich im besten Sinne «unpersönlich» und abstrakt. Gerade darum können Menschen ganz unterschiedlicher Kulturen sich diese Verse als Spiegel ihrer eigenen religiösen Existenz aneignen.

15. Warum enthält die Heilige Schrift ein Werk erotischer Literatur?

> Siehe, meine Freundin, du bist schön,
>   siehe, schön bist du.
> Deine Augen sind wie Tauben
>   hinter dem Schleier.
> Dein Haar ist wie ein Ziegenheer,
>   die geschoren sind auf dem Berge Gilead.
> Deine Zähne sind wie die Herde mit Schurschafen,
>   die aus der Schwemme kommen,
> die allzumal Zwillinge tragen,
>   und ist keine unter ihnen unfruchtbar.
> Deine Lippen sind wie eine rosinfarbne Schnur,
>   und dein Mund ist lieblich.
> Deine Wangen sind wie der Riß am Granatapfel
>   hinter dem Schleier.
> Deine zwei Brüste sind wie zwei junge Rehzwillinge,
>   die unter den Rosen weiden,
> bis der Tag kühle werde
>   und der Schatten weiche.
> Du bist allerdinge schön, meine Freundin,
>   und ist kein Flecken an dir.
> Von deinen Lippen, meine Braut, träufelt Honigseim.
>   Honig und Milch sind unter deiner Zunge,
>   und der Duft deiner Kleider ist wie der Duft des Libanon.
> (Hoheslied 4)

Über die Bibel 31

Die wenigsten erwarten, mitten in der Bibel Verse voll Lust und Liebe zu finden. Doch das kleine alttestamentliche Buch des Hohenliedes bietet eine unvergleichlich schöne Sammlung erotischer Literatur. Daß diese Lieder, die vor oder während einer Hochzeit gesungen worden sind, Eingang in die Bibel gefunden haben, gleicht einem kleinen Wunder. Schon den strengen Rabbinen waren diese Hochzeitslieder anstößig. Weitaus irritierender noch mußten sie auf die ehelosen Kirchenväter der Antike wirken. Um den Versen ihre Anstößigkeit zu nehmen, behalf man sich mit – für heutige Leser absurden – Umdeutungen, die aber für die spätere erotisch eingefärbte Mystik des Judentums und Christentums prägend wurde. Die rabbinischen Ausleger erklärten, daß hier nicht von der menschlichen Liebe zwischen Mann und Frau, sondern der Liebe zwischen Gott und seinem Volk Israel die Rede war. Die Kirchenväter erkannten in der Liebe zwischen Braut und Bräutigam die Liebe zwischen Kirche und Christus. So umgedeutet, konnte das Hohelied in die Bibel aufgenommen und vor dem Vergessen bewahrt werden.

16. Was ist ein Evangelium? Das griechische Wort «euangelion» bedeutet «gute Nachricht» oder «frohe Botschaft». Eine frohe Botschaft hatte Jesus von Nazareth verkündet, als er ausrief, daß das Reich Gottes unmittelbar bevorstünde, ja schon «mitten unter uns» gegenwärtig sei. Die wunderbaren Krankenheilungen und Massensättigungen, die Jesus ins Werk setzte, sollten manifester Ausdruck dieser guten Nachricht sein. Die beste aller Nachrichten aber wurde die Botschaft, die seine Jünger verbreiteten, nämlich daß die Kreuzigung nicht das Ende seines Wirkens gewesen sei, sondern daß Jesus auferstanden sei und den Tod besiegt habe.

Die vier Evangelien des Neuen Testaments stellen eine eigentümliche Gattung dar. Sie geben Zeugnis vom Wirken Jesu, sind aber keine Biographien. Sie schildern nicht sein Leben vom Anfang – der Geburt – bis zum Ende – dem Tod –, sondern erzählen rückblickend vom Ende her. Ihr Blick ist auf das Kreuz und die Auferstehung konzentriert. Vom Leben Jesu erzählen sie nur das, was sich in diese Perspektive einfügen läßt. Sie bieten also keine Lebensbeschreibung, sondern religiöse Deutung und Verkündigung.

Deshalb haben auch alle ihr eigentümliches Profil. Die ersten drei Evangelisten – Matthäus, Markus und Lukas – gehen in vielem parallel, aber schon in der jeweiligen Präsentation des gemeinsamen

32   *Über die Bibel*

Stoffes zeigen sich unterschiedliche Akzentsetzungen und Deutungsschwerpunkte. So ist z. B. Matthäus dem jüdischen Erbe weitaus treuer als Lukas, der schon viel stärker in der griechischen Kulturwelt angekommen zu sein scheint. Sehr individualistisch mutet das Evangelium des Johannes an. Es scheint von den meisten Jesus-Geschichten der anderen nie gehört zu haben. Die großen Gleichnisse, die Bergpredigt sucht man hier vergeblich, und legt man die Passionsgeschichten der ersten drei Evangelisten mit derjenigen des Johannes nebeneinander, ergeben sich kaum Übereinstimmungen. So kann keines der vier Evangelien den Anspruch erheben, das einzig authentische zu sein. Zusammen ergeben sie aber ein reichfacettiertes Mosaik.

17. Was war die Aufgabe der Apostel? Das griechische Wort «Apostel» bedeutet «Gesandter» oder «Bote». Es ist das erste Amt der frühen Christenheit. Die Apostel waren diejenigen Jünger Jesu, die den auferstandenen Jesus geschaut hatten, die Botschaft von seinem neuen Leben verbreiteten und Gemeinden gründeten. Die nachfolgenden Generationen sahen in ihnen – und ihren Schriften – die Garanten der legitimen Glaubenstradition.

Die wichtigsten dieser ersten Apostel waren Petrus und Jakobus, ein Bruder Jesu. Die Apostelgeschichte des Lukas erzählt, wie sie und ihre Gemeinden einträchtig zusammenlebten. Diese Harmonie wurde allerdings bald von einem Apostel ganz anderer Art aufgebrochen. Der Pharisäer Saulus, der die Christen erbittert verfolgt hatte, bekehrte sich zu dem neuen Glauben. Er nannte sich fortan Paulus und beanspruchte, als Apostel anerkannt zu werden, obwohl er eine wesentliche Bedingung hierfür gar nicht erfüllte: Er war kein Augenzeuge des Erdenwirkens und der Auferstehung Jesu. Er hatte Jesus lediglich in einem sehr viel späteren persönlichen Offenbarungserlebnis «gehört». Doch nicht nur dies unterschied ihn von seinen Mitaposteln. Er hatte als erster wirklich verstanden, daß die Botschaft vom gekreuzigten und auferstandenen Jesus Christus eine neue Weltreligion begründete. Er drängte darauf, dem israelitischen Gesetz jede Geltung für die christliche Gemeinde abzusprechen. Er wollte alle Menschen für den neuen Glauben gewinnen, ohne sie zugleich auf die Thora zu verpflichten. Auf einem Konzil in Jerusalem (ca. 48/49 n. Chr.) stießen die judenchristlichen Apostel und der heidenchristliche Paulus hart aufeinander. Paulus setzte

Über die Bibel 33

sich durch, und das apostolische Unternehmen einer universalen Mission weit über die Grenzen des Judentums hinaus begann.

18. Was ist eine Apokalypse? Eine Apokalypse ist ein Enthüllungsbuch. Es enthüllt die letzten Geheimnisse der Geschichte. So wie die Schöpfungsgeschichten Anfang und Grund des Lebens beschreiben, so erzählt eine Apokalypse vom Ziel und Ende der Welt. Im frühen Juden- und Christentum wurde eine Fülle von apokalyptischen Schriften verfaßt. Nur eine fand den Weg in die christliche Bibel: die Offenbarung des Johannes, das letzte Buch des Neuen Testaments. Es ist ein Trostbuch, das den verfolgten Christen ein Ende ihres Leidens und die Bestrafung ihrer Feindin, der römischen Obrigkeit, verheißt. Doch dieser Trost ist in entfesselte Bilder und erregte Visionen gepackt: Nach dramatischen Kämpfen und Krämpfen sollen diese Welt und ihre Herrscher untergehen, und eine neue Welt unter der Friedensherrschaft Christi soll entstehen. Viele dieser endzeitlichen Prophezeiungen, Symbole und Zahlenspiele bleiben für heutige Leser rätselhaft. Das ernüchtert-aufgeklärte Christentum Westeuropas hat insgesamt zu dieser Vorstellungswelt kein rechtes Verhältnis mehr. Ganz anders ist es in Nordamerika. Dort prägen apokalyptische Bilder immer noch sehr stark die Frömmigkeit weiter Bevölkerungsteile. Das läßt sich am immensen Erfolg christlicher Bestseller ablesen oder am apokalyptisch imprägnierten Action-Kino Hollywoods – oder auch an der politischen Rhetorik mancher Präsidenten.

19. Wie sollte man die Bibel lesen? Zunächst einmal: Man sollte sie lesen. Nichts kommt der eigenen Bibellektüre gleich. Alle Einführungen in das Christentum sind dagegen nur «stroherne Episteln» (Luther). Bertolt Brecht meinte es sehr ernst, als er auf die Frage nach seinem Lieblingsbuch antwortete: «Sie werden lachen – die Bibel.» Die Bibel überrascht, verstört und überwältigt. Sie ist und bleibt ein unvergleichliches Lesebuch – allerdings nicht in jeder Version. Man sollte sich unbedingt an die (modernisierte) Luther-Bibel halten. Die katholische «Einheitsübersetzung» bietet an vielen Stellen sinnvolle Übersetzungsalternativen, aber sprachlich fällt sie gegenüber der Luther-Bibel überdeutlich ab.

Der alttestamentliche Prophet Hesekiel erzählt, wie ihm bei seiner Berufung aus dem Nichts eine Hand entgegengestreckt wurde

(Hesekiel 2 f). Sie enthielt eine Buchrolle. Hesekiel nahm die Rolle und aß sie auf. Obwohl sie nur Klagen, «Ach» und «Weh» enthielt, schmeckte sie ihm so süß wie Honig. Süß mag einem heutigen Leser noch mancher Vers schmecken, doch sollte er nicht versuchen, sich die Bibel mit einem Bissen einzuverleiben. Für Anfänger empfiehlt sich folgende Auswahl kleinerer Portionen.

Beginnen sollte man mit dem Anfang, dem 1. Buch Mose. Es enthält die großen Geschichten, die mancher noch aus seiner frühen Kindheit kennt: die Geschichten von der Schöpfung der Welt, von Adam und Eva, Kain und Abel, der Arche Noah, dem Turmbau zu Babel, Abraham und Isaak, Jakob und Esau, Josef und seinen Brüdern. Dieses Buch stellt den Keim, die Quelle und den Grund des Erzählkosmos der europäischen Kultur dar.

Was das 1. Buch Mose für die Prosa ist, ist der Psalter für die Poesie. Der Psalter versammelt 150 Psalmen, in denen das Alte Israel Gott gelobt und gepriesen, zu ihm gerufen und mit ihm gestritten hat. Man sollte sie alle lesen, am besten einen am Tag, diesen aber mehrmals, z. B. morgens, mittags und abends.

Die abgründige Tiefe der biblischen Frage nach Gott zeigt sich im Buch Hiob. Es ist ratsam, zunächst die Rahmenhandlung zu lesen: die Kapitel 1 und 2 sowie 42,10–17. Dann lese man sich in die langwierigen Debatten zwischen Hiob und seinen Freunden hinein. Wer zwischendurch die Geduld verliert, blättere vor zum Gespräch zwischen Hiob und seinem Gott (38–42,9).

Nach Hiob wechsle man zum Neuen Testament. Hier konzentriere man sich auf die Evangelien, welche die Geschichte Jesu erzählen. Das zugänglichste von ihnen ist dasjenige des Lukas. Hier findet man die Weihnachtsgeschichte und die großen Gleichnisse. Andere wichtige Texte muß man im Evangelium nach Matthäus nachschlagen, auf jeden Fall die Bergpredigt (Matthäus 5–7). Ganz anders, nämlich viel abstrakter und «philosophischer», erzählt das Johannes-Evangelium von Jesus. Man lese es zum Vergleich direkt nach dem Lukas-Evangelium.

Über die Bibel

Über Gott

20. Gibt es Gott? Von Gott kann man nicht sagen, daß es ihn «gibt». Denn ein Gott, den es «gibt», wäre kein Gott mehr. Gott ist kein Objekt des menschlichen Gegenstandsbewußtseins, kein Ding wie dieses Taschenbuch, das man anfassen, benutzen oder weglegen kann. Zwar haben vormoderne Metaphysiker große Anstrengungen unternommen, seine Existenz zu beweisen. Doch der größte Philosoph des achtzehnten Jahrhunderts, Immanuel Kant, hat ihre vermeintlichen Gottesbeweise allesamt als Trugschlüsse entlarvt.

Über das Dasein Gottes lassen sich keine objektiven Aussagen machen. Das heißt jedoch nicht, daß die Frage nach Gott sinnlos wäre. Man muß sie nur auf einer anderen Ebene verhandeln. Auf welcher? Der Atheist Bertolt Brecht hat in einer seiner berühmten *Kalendergeschichten* einen guten Hinweis gegeben:

Einer fragte Herrn K., ob es einen Gott gäbe. Herr K. sagte: «Ich rate dir, nachzudenken, ob dein Verhalten je nach der Antwort auf diese Frage sich ändern würde. Würde es sich nicht ändern, dann können wir die Frage fallenlassen. Würde es sich ändern, dann kann ich dir wenigstens noch so weit behilflich sein, daß ich dir sage, du hast dich schon entschieden: Du brauchst einen Gott.»

Vordergründig zielt diese Geschichte auf eine religionskritische Pointe: Der Glaube an Gott verdankt sich einem menschlichen Bedürfnis. Da der Mensch einen Gott braucht, erschafft er ihn sich – nach seinem eigenen Bild. Aber man kann dieser Geschichte auch einen guten theologischen Sinn abgewinnen: Über Gott läßt sich nur mit Bezug auf das eigene Leben reden. Das Dasein Gottes ist keine Tatsachen-Wahrheit, sondern eine Existenz-Wahrheit. Selbst wenn man tausendmal beweisen könnte, daß es Gott gäbe, er einen aber nicht ein einziges Mal berührt hätte, hätte man keinen Gewinn davon. Der christliche Glaube ist etwas anderes als ein Fürwahrhalten metaphysischer Sätze wie desjenigen, daß Gott existiert. Er ist die Gewißheit, daß Gott «für mich» da ist. Und dieses Dasein «für mich» bestimmt das innere Selbstverhältnis und das Verhalten nach außen.

Martin Luther hätte es – durchaus im Gleichklang mit Herrn K. – so formuliert: Es wird dir nichts nützen, nur zu glauben, daß Gott da ist. Denn das glauben auch viele Nichtchristen. Vielmehr mußt du mit beharrlicher Gewißheit darauf setzen, er sei auch für dich da. Dieser Glaube macht dich gerecht und bewirkt, daß Gott in dir wohnt, lebt und regiert. Man muß sich dessen gewiß sein, wie man mit Gott dran ist, wenn das Gewissen froh werden und bestehen soll. Wer daran zweifelt, daß er einen gnädigen Gott hat, der hat ihn auch nicht. Wie er glaubt, so hat er.

P. S.: Der renommierte amerikanische Psychologe David Myers wurde kürzlich gefragt, woran er glauben würde, ohne es beweisen zu können. Er antwortete: «Als christlicher Monotheist halte ich allem voran zwei unbewiesene Annahmen für wahr. Erstens: Es gibt einen Gott. Zweitens: Ich bin es nicht (und Sie sind es auch nicht).»

21. Wie kann man Gott erfahren? Gott kann man auf so viele unterschiedliche Weisen erfahren, wie es Menschen gibt. Denn jeder Mensch kann Gott nur auf seine Weise erfahren, und jeder Mensch muß Gott für sich selbst erfahren. Kein anderer Mensch könnte es für ihn tun. Der Glaube läßt sich nicht delegieren. Nun können jedoch nur sehr wenige Menschen von sich behaupten, sie hätten Gott «unmittelbar» erfahren. Zwar berichten Propheten und Mystiker von Visionen, in denen sie sein Gesicht sahen, oder von Auditionen, in denen sie seine Stimme hörten. Aber gewöhnlichere Menschen erfahren Gott indirekt, über eine Vielzahl sehr unterschiedlicher Medien: die Begegnung mit grandioser Natur, die Lektüre heiliger Schriften, den Genuß erhebender Musik, die Geburt eines Kindes, den Tod der Mutter, das Erleben von Gemeinschaft, die Feier eines Gottesdienstes oder den Einsatz für eine gute Sache.

So unterschiedlich diese Zugänge sind, was sie zu einer Erfahrung Gottes macht, läßt sich am besten mit einem inzwischen weithin vergessenen Begriff beschreiben. Das erste religiöse Gefühl ist Ehrfurcht. Diese besteht – wie das Wort schon sagt – zugleich aus Furcht und Ehrerbietung. Ehrfurcht ist die erschütternde und erhebende Konfrontation mit etwas, das schlechthin groß, absolut und unendlich ist. In der Ehrfurcht erfährt der Mensch, wie er über seinen begrenzten Horizont erhoben wird und einem ganz Anderen begegnet.

Der alte Goethe hat drei Formen der Ehrfurcht unterschieden. In seinem Spätwerk *Wilhelm Meisters Wanderjahre* erzählt er, wie sein

Held in die «pädagogische Provinz», ein Reforminternat, kommt. Dort begrüßen ihn die Zöglinge mit geheimnisvollen Gebärden. Einige kreuzen die Arme über der Brust und wenden den Blick nach oben. Andere falten die Hände hinter dem Rücken und richten den Blick nach unten. Wieder andere stellen sich nebeneinander, lassen die Arme fallen und schauen nach rechts zum nächsten Mitschüler. Ein Lehrer erklärt, daß der dreifache Gruß für drei Arten der Ehrfurcht steht. Am Anfang steht die Ehrfurcht vor dem, «was über uns ist», also Gott und seine irdischen Statthalter. In der Mitte steht die Ehrfurcht vor dem, «was unter uns ist», also das Leiden. Das Ziel ist die Ehrfurcht vor dem, «was neben uns» oder «in uns ist», die Menschenwürde. Hier, in der dritten Ehrfurcht, erfährt der Mensch das Absolute nicht nur als eine fremde Macht, sondern als den inneren Grund seiner eigenen Bestimmung. Er entdeckt, daß er selbst etwas Unendliches in sich trägt, dem Ehrfurcht gebührt, daß nämlich – um mit Hegel zu sprechen – seine Seele einen unendlichen Wert besitzt. Dies schenkt ihm ein unendliches «Selbstgefühl», jedoch – wie Goethe gleich hinzufügt – ganz ohne «Dünkel und Anmaßung». Diese dreifache Ehrfurcht ist die vielleicht schönste Erfahrung Gottes.

22. Ist Gott eine Person? Es gibt auch fromme Formen des Atheismus. Nicht jeder, der leugnet, daß man sich Gott als eine Person vorzustellen habe, ist ein Anti-Christ. Denn Menschen können nur mit den Begriffen, welche die menschliche Sprache zur Verfügung stellt, über Gott sprechen. Das führt zum unvermeidlichen «Anthropomorphismus» (griechisch für «nach dem Bild des Menschen geformt»): Menschliche Rede von Gott stellt ihn als Träger menschlicher Eigenschaften vor. Einer der vielen menschlichen Begriffe, die man auf Gott anwendet, ist der Begriff der Person. Ursprünglich bezeichnet das lateinische Wort «persona» die Theatermaske, mit der antike Schauspieler ihre Rolle vor sich hertrugen. Später wurde es als philosophischer und juristischer Begriff gebraucht: Eine Person ist ein geistiges Einzelwesen, das Subjekt von Handlungen, die es selbst gewollt und durchgeführt hat und die ihm darum zugerechnet werden können. Wie alle menschlichen Begriffe, die auf Gott übertragen werden, droht auch der Begriff der Person, das Absolute und unendlich Umfassende zu vereinzeln und zu verendlichen. Aus diesem Grund hatte der Philosoph Johann

Gottlieb Fichte es gewagt, Gott die Personalität abzusprechen. Das trug ihm 1799 eine Anklage wegen Gottlosigkeit ein. Dabei hatte er einem Gottesverständnis zuarbeiten wollen, das weniger beschränkt war, als die damalige orthodoxe Theologie es zulassen wollte.

Der Begriff der Person ist ein Anthropomorphismus und insofern problematisch. Zugleich aber bringt er – symbolisch verstanden – einen wesentlichen Aspekt des christlichen Gottesverständnisses zum Ausdruck. Danach ist Gott keine abstrakte «Unendlichkeit», kein gesichtsloses «Sein des Seins», kein anonymes «Alles», sondern ein vitaler Wille. Wäre Gott nur ein absolutes Prinzip, so wäre er leblos und liebesunfähig. Nach christlichem Glauben aber ist Gott der Inbegriff von Lebendigkeit, nämlich die Liebe selbst.

23. Warum ist bei Gott 1 = 3? Das Christentum ist eine monotheistische Religion. Aber anders als das Judentum und der Islam verkündet es keinen monolithischen, sondern einen differenzierten Monotheismus: Es gibt nur einen Gott, aber dieser offenbart sich in drei Gestalten: als Schöpfergott, als Mensch in Jesus Christus und als Heiliger Geist. Wie diese drei Gestalten von Gott sich zueinander verhalten, ist in der Antike Gegenstand intensiven theologischen Nachdenkens und erregter kirchlicher Debatten gewesen. In unzähligen gelehrten Werken und kirchlichen Sitzungen hat man darum gekämpft, diesen dreifach-einen Gott in eine Denkfigur zu pressen. Das Ergebnis dieses Ringens, in dem die entgegengesetzten Parteien keineswegs nur sauber miteinander umgegangen sind, ist die Lehre von der Trinität, der göttlichen Dreifaltigkeit. Ihre Logik, nach der 1 = 3 sein soll, ist für moderne Menschen unverständlich geworden – ebenso wie die metaphysischen Voraussetzungen, auf denen sie beruht und die dem antiken Neuplatonismus entlehnt sind. Auch fragt sich, ob die Trinitätslehre noch einen Fokus des gegenwärtigen religiösen Lebens darstellt. In den orthodoxen Kirchen des Ostens, die noch ganz anders in antikem Denken verwurzelt sind, gibt es eine sehr intensive Trinitätsfrömmigkeit. Aber in Westeuropa?

Für Friedrich Schleiermacher, den größten liberalen Theologen, war die Trinitätslehre nur ein antikes Erbstück, das jede Relevanz für den modernen christlichen Glauben verloren hatte. Gott, Christus und Geist sollten natürlich weiterhin im Zentrum des Glaubens stehen. Doch sollten sie nicht mehr mit den Mitteln einer vergangenen Metaphysik bestimmt werden. Aber wie sollte man sie dann verstehen? Diese Frage spitzt sich besonders beim Geist zu. Schleiermacher hielt es für unmöglich, sich den Heiligen Geist weiterhin als eine transzendente Person, eine Art «höheres Einzelwesen» vorzustellen. Statt dessen erkannte Schleiermacher in ihm den «Gemeingeist» der Christen. Der Heilige Geist ist das innere Leben der äußeren Institution Kirche, das Band, das Christen zusammenhält, die Atmosphäre, in der sie gemeinsam leben. Er ist die «innerste Lebenskraft der christlichen Kirche als eines Ganzen». Diese Lebenskraft entfaltet sich dort, wo Christen miteinander kommunizieren und sich wechselseitig ihren Glauben mitteilen. Die vom Geist erfaßte Kirche ist für Schleiermacher ein unendliches Gespräch, in dem Christen sich über ihren Glauben verständigen. In diesem Gespräch geschieht zweierlei, das sich eigentlich widersprechen müßte. Zum einen wird die Gemeinsamkeit gesteigert, und zum anderen wächst die Eigentümlichkeit eines jeden. Man lernt einander verstehen und wird sich einig. Man erkennt die Unterschiede und nutzt sie als Impulse zur Ausbildung der eigenen Individualität.

Schleiermacher hat, als er seine Theorie christlicher Kommunikation entwarf, nicht an das heutige kirchliche Gremienwesen gedacht. Das unendliche Gespräch, in dem sich für ihn der göttliche Geist zeigte, war nicht das unendliche Beratschlagen der Synoden und kirchlichen Verbände. Als junger Mann hatte Schleiermacher in der Salonkultur der Berliner Romantik gelebt. Hier wurde ein freies, geistreiches Gespräch geführt, das auf keine Beschlüsse abzielte und sich in keiner Protokollnotiz festhalten ließ. Hier wurde das Gespräch zu einer Kunst, die man um ihrer selbst willen pflegte. Hier wurde miteinander parliert, um Freundschaften zu schließen und zu einer individuellen Persönlichkeit zu werden. Die Berliner Salonkultur als das Modell einer begeisterten und begeisternden Kirche – warum eigentlich nicht? Es wäre durchaus reizvoll, die Kirche nicht als Lehr- und Liturgiebetrieb oder als semi-basisdemokratisches Gremienensemble, sondern als einen Salon zu denken, in dem Christen einander frei begegnen, miteinander und aufeinander wirken, ohne Ziel – außer dem, sich des gemeinsamen Geistes zu vergewissern und ihn zur Geltung kommen zu lassen.

24. Ist Gott böse? Folgende Rechnung stellen unreligiöse Menschen häufig an: Wenn Gott allmächtig ist, auf der Welt aber viel Böses geschieht, dann ist auch Gott böse. Wenn Gott aber gut ist, auf der Welt jedoch Böses geschieht, dann ist er nicht allmächtig. Ergo, die Vorstellung eines guten und allmächtigen Gottes ist absurd.

Die christliche Religion verweigert sich dieser Rechnung des gesunden Menschenverstandes und folgt einer eigenen Logik, nach welcher Gott zugleich der Grund und Urheber allen Seins, nämlich der Schöpfer und Regierer der Welt, und der Inbegriff des Guten, nämlich die Liebe, ist. Nach dieser Logik hat Gott den Menschen geschaffen, ihm zugleich aber die Macht der Freiheit verliehen, selbst zwischen gut und böse zu unterscheiden. Insofern hat Gott seine Allmacht aufgegeben und erträgt es, wenn Menschen gegen seinen ursprünglichen Willen das Böse wählen und Wirklichkeit werden lassen. Mehr noch, er erträgt es nicht nur, er erleidet es auch. Die Geschichte der Passion Jesu will sagen, daß Gott selbst ein Opfer des Bösen wird. Der Gott des christlichen Glaubens ist also kein omnipotenter Weltenfürst, der ungerührt in herrlichen Himmelssälen thront. Er ist dort zu finden, wo seine Kreaturen leiden. Die Geschichte der Auferstehung Jesu will sagen, daß Gottes Macht in seiner Schwäche liegt und seine Güte sich am Ende gegen alles Böse durchsetzen wird.

Damit ist das Problem der Theodizee (griechisch für «Rechtfertigung Gottes») natürlich nicht gelöst. Das Rätsel, wie es Gottes Gerechtigkeit zulassen kann, daß so viel Ungerechtigkeit herrscht, wird durch die christliche Religion nicht gelöst. Aber warum sollte der christliche Glaube seine Aufgabe darin sehen, letzte Lebensfragen zum Verstummen zu bringen? Seine Aufgabe könnte auch darin bestehen, diese Fragen um weitere Fragen anzureichern. So wie es der große polnische Dichter und Literaturnobelpreisträger Czesław Miłosz getan hat, als er die Frage der Theodizee mit einer Gegenfrage konfrontiert hat:

Es ist nicht an mir, Himmel und Hölle zu bestimmen. Aber in dieser Welt gibt es zu viele Greuel, zu viele Schrecken, so muß doch irgendwo auch die Wahrheit und das Gute sein, und das heißt: Gott muß doch existieren.

25. Kann Gott sich verbergen? Wenn in der modernen Literatur die Rede auf Gott kommt – und das ist immer noch erstaunlich oft der Fall, dann geht es zumeist um einen Gott, der fern ist und sich verborgen hat. Es mag ihn immer noch geben, vielleicht ist er gar nicht gestorben, wie Nietzsche verkündet hat, sondern lebt noch, doch er ist so weit weg, daß der Mensch keine Verbindung mehr zu ihm aufnehmen kann. Gott ist fort. Er ist nicht «da», wo man ihn braucht. Er zeigt sich nicht. Gelangweilt hat er sich von seiner Schöpfung abgewandt. Desinteressiert überhört er die Gebete der Menschen. In die Unermeßlichkeit seiner Ewigkeit hat er sich zurückgezogen und schlafen gelegt. Die Menschen mögen noch so lange auf ihn warten, er wird nicht kommen. Dieses Bild eines fernen und verborgenen Gottes ist – wie nicht allein Becketts «Warten auf Godot» vorführt – eine der eindrücklichsten literarischen Figuren, um die Verlassenheit und Sinnleere menschlicher Existenz in der Moderne darzustellen.

Aber man sollte nicht meinen, daß die Rede vom fernen, verborgenen Gott eine moderne Erfindung wäre. Sie ist so alt wie das erste Gebet der Menschheitsgeschichte. Schon die alten Psalmisten, die doch – unberührt von moderner Religionskritik – nie an der Existenz Gottes gezweifelt haben, sind häufig genug an ihrer Entfernung zu Gott verzweifelt. Diese Verzweiflung war auch für sie eine große lyrische und religiöse Kraft, die sie wilde Gebete sprechen und glühende Psalmen singen ließ. Zum Beispiel den Psalm, den später Jesus am Kreuz intonieren sollte:

> Mein Gott, mein Gott, warum hast du mich verlassen?
>   Ich heule, aber meine Hilfe ist ferne.
> Mein Gott, des Tages rufe ich, so antwortest du nicht,
>   und des Nachts schweige ich auch nicht.
> Sei nicht ferne von mir, denn Angst ist nahe,
>   denn es ist hier kein Helfer.
> Große Stiere haben mich umgeben,
>   fette Ochsen haben mich umringt.
> Ihren Rachen sperren sie auf wider mich
>   wie ein brüllender und reißender Löwe.
> Ich bin ausgeschüttet wie Wasser,
>   alle meine Gebeine haben sich zertrennet.
>   Mein Herz ist in meinem Leib wie zerschmolzenes Wachs.
> Meine Kräfte sind vertrocknet wie eine Scherbe,
>   und meine Zunge klebet an meinem Gaumen;
>   und du legest mich in des Todes Staub.
> Denn Hunde haben mich umgeben,
>   und der Bösen Rotte hat sich um mich gemacht;
>   sie haben meine Hände und Füße durchgraben.

Ich möchte alle meine Beine zählen.
    Sie aber schauen und sehen ihre Lust an mir.
Sie teilen meine Kleider unter sich
    und werfen das Los um mein Gewand.
Aber du, Herr, sei nicht ferne;
    meine Stärke, eile, mir zu helfen. (Psalm 22)

Mit ähnlicher Glut und Wucht hat Martin Luther über die Ferne
Gottes zum Menschen gesprochen. Er hat die Abgewandtheit Gottes
so intensiv durchlitten, daß er sie als einen regelrechten Angriff auf
seine Seele erfahren hat. Das war für ihn der Zorn Gottes, daß Gott
sich von ihm zurückgezogen hatte. Wer Gott in dieser Weise als zornig erlebt, «der meint, er sei verlassen, kein Gott sei mehr im
Himmel, der ihn kennen und hören will». Ein solcher Mensch ist
absolut verlassen und vollkommen einsam. Bei Luther hat die Rede
vom «Zorn Gottes» weniger etwas mit mittelalterlichen Vorstellungen von Gottesgericht und Höllenstrafen zu tun, sondern weist
auf den modernen Nihilismus voraus. Wenn der Mensch Gott als
fern und verborgen erlebt, wird er «Gott feind». Er beginnt, Gott
regelrecht zu hassen, und will lieber, «daß es keinen Gott gäbe.
Solcher Groll gegen Gott steckt dann im Herzen.»

Verborgenheit jedoch kann zwei Seiten haben. Wer gegen Gott
den Vorwurf erhebt, er habe sich verborgen, müßte sich auch selbst
die Frage stellen, warum er dies so empfindet, ob er nicht selbst sich
abgewandt hat oder ob Gott nicht vielleicht einen Grund dafür hat,
sich abzuwenden. Luther würde sagen, daß sich Gott verborgen hat,
um sich dem sündigen Menschen zu entziehen, der sich alles – sogar
Gott – aneignen und zu Nutze machen will. Das ist der eigentliche
Kern dessen, was für das Christentum «Sünde» ist. In diesem Sinne
wäre es der Mensch, der Gott gar keine andere Wahl läßt, als sich zu
verbergen.

Diese Verborgenheit Gottes aber – und darin liegt die schöne
Paradoxie von Luthers Glauben – hat ein heimliches Ziel. Sie soll den
Menschen auf Gottes Zuwendung vorbereiten. Sie soll ihm zeigen,
daß er von sich aus den Abstand zu Gott nicht überwinden kann.
Wenn der Mensch dies jedoch eingesehen hat, wird Gott aus seinem
Versteck kommen. Dann wird die Freude groß sein, und Gott und
Seele werden – wie Luther in der Sprache der Mystik sagen kann – so
innig zueinander finden wie «Braut» und «Bräutigam».

Über Gott 43

26. «Gesetzt den Fall, Sie glauben an einen Gott: kennen Sie ein Anzeichen dafür, daß er Humor hat?» Diese Frage hat Max Frisch den Lesern seines *Fragebogens* gestellt. Als nüchterner Theologe muß man darauf eigentlich mit einem klaren «Nein» antworten, auch wenn seit einigen Jahren humorbeflissene Kirchenvertreter beteuern, daß es in der Bibel auch einiges zum Lachen gebe. Aber grundsätzlich ist festzuhalten, daß Glaube und Humor wesensverschieden sind. Der Glaube hat mit Ehrfurcht und Erlösung zu tun, mit Besinnung und Besserung. Ein Witz aber soll zerstreuen, Distanz schaffen und vermeintliche Größe relativieren. Dennoch ist der Glaube keineswegs bleischwer und bierernst. Er kann das Gefühl von gelöster Leichtigkeit und glücklichem Einverständnis mit allem schenken. Das ist nicht komisch, aber heiter – so heiter wie der Sonnengesang des Franz von Assisi:

> Gelobt seist Du, Herr,
> mit allen Wesen, die Du geschaffen,
> der edlen Herrin vor allem, Schwester Sonne,
> die uns den Tag heraufführt und Licht mit ihren Strahlen,
> die Schöne, spendet; gar prächtig in mächtigem Glanze:
> Dein Gleichnis ist sie, Erhabener.
>
> Gelobt seist Du, Herr,
> durch Bruder Mond und die Sterne.
> Durch Dich sie funkeln am Himmelsbogen
> und leuchten köstlich und schön.
>
> Gelobt seist Du, Herr,
> durch Bruder Wind und Luft
> und Wolke und Wetter,
> die sanft oder streng, nach Deinem Willen,
> die Wesen leiten, die durch Dich sind.
>
> Gelobt seist Du, Herr,
> durch unsere Schwester, die Mutter Erde,
> die gütig und stark uns trägt
> und mancherlei Frucht uns bietet
> mit farbigen Blumen und grünem Gras.

Über Jesus

27. Wie hat Jesus ausgesehen? Fachleute der italienischen Polizei haben im Jahr 2004 der staunenden Öffentlichkeit ein Phantombild des jungen Jesus von Nazareth vorgestellt. Angefertigt hatten sie es mit Hilfe des Turiner Grabtuchs. Nach altehrwürdiger Legende wurde in dieses Tuch der Leichnam des gekreuzigten Jesus eingehüllt. Wie durch ein Wunder soll sich ein schwacher Abdruck seines Gesichts auf dem Tuch erhalten haben. Die Fachleute vom italienischen Erkennungsdienst nun haben dieses Bild per Computer verjüngt. Warum – das bleibt ihr Geheimnis. Herausgekommen ist das leicht verwaschene Porträt eines weichen Jungengesichts mit großen Augen, ausdrucksstarker Nase, feinen Lippen, lockigem Haar und großen, fromm nach oben gerichteten Augen. So unseriös das Verfahren ist, so wenig überraschend ist das Ergebnis. Es unterscheidet sich durch nichts von den bekannten Andachtsbildern.

Niemand weiß, wie Jesus ausgesehen hat. Die Autoren des Neuen Testaments besaßen keinerlei Interesse an einer Personenbeschreibung. Spätere Generationen hingegen haben sich intensiv darum bemüht, ein Bild von Jesus zu gewinnen. In ihre – künstlerisch mal mehr, mal weniger bedeutenden – Bilder ist manches aus den Evangelien eingeflossen, aber auch viel eigene Projektion. So wie man Jesus malte, wollte man selbst sein: ein wahrer Mensch. Man muß dies nicht kritisieren. Jesus-Bilder sind unverzichtbare Medien, in denen der eigene Glaube Gestalt gewinnt. Man muß sich nur bewußt sein, daß sie niemals «authentisch» sein können.

Als Mel Gibson im Jahr 2004 seinen Film über die Passion Christi herausbrachte, ließ er verbreiten, der Papst habe nach einer privaten Voraufführung im Vatikan erklärt: «Es ist, wie es war.» Auch wenn Pressesprecher des Vatikans dies sofort widerriefen, blieb Mel Gibson dabei, daß sein cinematographisches Jesus-Bild das einzig «wahre» sei. Dies scheint kein bloßer Marketing-Trick, sondern die tiefe Überzeugung des Regisseurs gewesen zu sein. Nur fragt sich, ob derjenige, der sein persönliches Jesus-Bild für «authentisch» ausgibt, sich damit nicht einer – wenn auch sehr frommen – Gotteslästerung schuldig macht.

28. Was weiß man über Jesus? Moderne Christen wollen nicht nur an Christus glauben, sie möchten auch etwas über Jesus wissen. Um aber zu gesicherten historischen Erkenntnissen zu gelangen, braucht man gute Quellen. Was für viele bedeutende Persönlichkeiten der Antike gilt, trifft auch auf Jesus zu. Es sind nicht annähernd die Texte überliefert, auf deren Grundlage man eine solide Biographie schreiben könnte. Dabei sind die Existenz Jesu und die Grundzüge seines Wirkens verhältnismäßig gut bezeugt.

Doch selbst die frühesten Zeugnisse, die Briefe des Apostels Paulus, wurden erst etwa zwanzig Jahre nach seinem Tod verfaßt. Zudem zeigen sie keinerlei biographisches Interesse. Kurz gesagt: Paulus ging es viel mehr um das Kreuz und die Auferstehung Christi als um das Leben und die Lehre Jesu. Weitere zwanzig Jahre später entstand das vermutlich älteste Evangelium, dasjenige des Markus. Doch weder dieses noch die folgenden drei Evangelien bieten die Basis für eine Biographie, die modernen Standards genügen würde. Denn erstens tragen viele der erzählten Begebenheiten einen legendenhaften Charakter, und zweitens berichten sie nur von einem kurzen Abschnitt aus dem Leben Jesu. Sie geben keine Hinweise auf seine Kindheit und Jugend, sondern konzentrieren sich auf die kurze Spanne seines öffentlichen Wirkens. Wie Jesus zu dem wurde, der er war, läßt sich nicht mehr erklären. Ein «Leben Jesu» läßt sich also nicht schreiben. Das aber heißt nicht, daß die historische Frage nach Jesus sinnlos wäre. Denn es läßt sich zumindest ein historisch plausibles Jesus-Bild entwerfen, das die wesentlichen Momente seines Lebens und Lehrens versammelt.

Danach begann Jesus von Nazareth als Mann von etwa dreißig Jahren plötzlich in Galiläa, seiner Heimat im Norden Palästinas, als Wanderprediger herumzuziehen. Was ihn dazu gebracht hat, läßt sich nicht mehr genau sagen. Sehr wahrscheinlich hat Johannes der Täufer eine wichtige Rolle gespielt. Ebenso wie dieser ruft Jesus die Menschen zur Umkehr auf, denn das Reich Gottes ist nahe herbeigekommen. Doch bei ihm gewinnt diese Botschaft einen anderen, helleren Ton als bei Johannes. Jubelnd verkündigt Jesus, daß das Reich Gottes schon «mitten unter uns» gegenwärtig ist (Lukas 17,21). Gott ist kein ferner Weltenlenker oder strenger Richter, sondern nah und freundlich wie ein guter Vater.

Mit dieser Botschaft zieht Jesus – ohne Sorge um den eigenen Lebensunterhalt – von Dorf zu Dorf. Menschen strömen neugierig herbei. Viele bringen Kranke und Behinderte mit, damit er sie heile. Einige lassen alles zurück und folgen Jesus nach: die «Jünger», aber auch Frauen und Kinder. Jesus fasziniert, weil er mit einem ungewohnten Charisma, einer Vollmacht spricht, die man von den etablierten Religionslehrern und Kultfunktionären nicht kennt. Er scheint keine Rücksicht auf die herkömmliche religiöse und moralische Ordnung zu nehmen. Bedenkenlos wendet er sich denen zu, die von dieser Ordnung ins Abseits gestellt wurden: den Kranken und Sündern. Er vollzieht eine erregende Umwertung aller Werte. Seine Hörer will er von starren Regeln befreien, zugleich aber stellt er radikale Anforderungen an sie: Sie sollen sogar ihre Feinde lieben.

Wahrscheinlich ist Jesus nur ein Jahr lang durch Galiläa gezogen. Dann wendet er sich der Hauptstadt zu und zieht zum Passahfest nach Jerusalem. Weltliche wie geistliche Obrigkeiten sind nervös. Erstere befürchten politischen Aufruhr, letztere sehen ihre religiöse Autorität in Frage gestellt. Jesus tut wenig, um sie zu beruhigen. Sein Auftreten erregt die Pilgermassen. Deshalb wird er verhaftet, von den jüdischen Religionsführern verhört und von der römischen Besatzungsmacht zur Todesstrafe verurteilt und zwar in ihrer brutalsten Form. Von seinen Anhängern verlassen, stirbt Jesus von Nazareth am Kreuz.

In seinem großen Werk *Geschichte der Leben-Jesu-Forschung* hat Albert Schweitzer das epochale Projekt der Liberalen Theologie, das Rätsel der Person Jesu historisch zu lösen, einer scharfen Kritik unterzogen und allen künftigen Versuchen, eine Jesus-Biographie zu schreiben, die Grundlage genommen. Daß er aber daraus nicht gefolgert hat, der geschichtliche Jesus ginge moderne Menschen nichts mehr an, zeigt der wunderbare Schluß seines Buches:

Als ein Unbekannter und Namenloser kommt er zu uns, wie er am Gestade des Sees an jene Männer, die nicht wußten wer er war, herantrat. Er sagt dasselbe Wort: Du aber folge mir nach! und stellt uns vor die Aufgaben, die er in unserer Zeit lösen muß. Er gebietet. Und denjenigen, welche ihm gehorchen, Weisen und Unweisen, wird er sich offenbaren in dem, was sie in seiner Gemeinschaft an Frieden, Wirken, Kämpfen und Leiden erleben dürfen, und als ein unausweichliches Geheimnis werden sie erfahren, wer er ist ...

29. War Jesus der erste Christ? Jesus war kein Christ, sondern Jude. Das Judentum seiner Zeit aber war sehr vielgestaltig. Unterschiedlichste Strömungen versuchten, dem Alten Israel, nachdem es keine selbständige politische Größe mehr war, eine neue Gestalt zu geben. Einer der vielen jüdischen Erneuerer war Jesus. Vieles von dem, was er verkündete, war gar nicht neu, sondern im Alten Testament oder im zeitgenössischen Rabbinentum vorformuliert. Für sich genommen, sind wenige Äußerungen Jesu originell. Innovativ war jedoch zweierlei: zum einen die Vollmacht, mit der er seine Botschaft verbreitete, ohne Rücksicht auf traditionelle Autoritäten zu nehmen; zum anderen die Einfachheit seiner Predigt, die alles auf das Prinzip der Liebe konzentrierte. Mit beidem legte er eine Saat, die nach seinem Tod – nach Ostern und Pfingsten – aufging und eine Religion hervorbrachte, die weit über das Judentum hinauswuchs. Die explizite Ablösung vom Judentum vollzog jedoch erst der Apostel Paulus, als er das Religionsgesetz Israels für überwunden erklärte und an seine Stelle den Christus-Kult setzte. Der erste Christ war also nicht Jesus, sondern Paulus.

30. Wurde Jesus von einer Jungfrau geboren? Die Mutter Jesu heißt Maria. Sein Vater heißt Joseph. Maria war eine junge Frau, die später noch weitere Kinder gebären sollte. Zunächst dürfte sie alles andere als eine treue Anhängerin ihres Sohnes gewesen sein. Vielmehr scheint sie mit ihrer Familie deutlich auf Distanz zu Jesus gegangen zu sein. Erst später, als man Jesus längst als auferstandenen Christus und erhöhten Sohn Gottes verehrte, fing man an, sich Legenden zu erzählen, in denen Maria als die ideale, reine Frau verherrlicht wurde.

31. Konnte Jesus Wunder tun? Jesus war kein Magier. Wunder waren nicht sein Geschäft. Einen Wunderglauben lehnte er ab. Bei der Lektüre der neutestamentlichen Wundergeschichten fällt dreierlei auf. Erstens hat Jesus seine Wunder wie nebenbei und seltsam beiläufig gewirkt. Er hat nichts auf große Wirkung hin inszeniert. Zweitens tat er sie nie, um etwas zu beweisen, sondern einfach aus Mitleid. Die Not der anderen «jammerte» ihn. Drittens interessierte ihn – und die Evangelisten – nicht das Mirakel selbst, sondern seine Wirkung: die Debatte um Jesus und seine Botschaft, den Glauben der einen und die Ablehnung durch die anderen.

P.S.: Die Heilungswunder des Neuen Testaments «bedeuten auch für uns gar viel, nicht als wunderbare Vorgänge, sondern als Taten des Mitleids und des Erbarmens» (Albert Schweitzer).

32. Was ist Nachfolge? Was wollte Jesus von seinen Jüngern? Daß sie ihm nachfolgten. So rief er Petrus und die anderen von ihrer Arbeit, ihren Familien, ihrem ganzen bisherigen Leben fort: «Folgt mir nach!». Sie sollten nicht zurückblicken, sondern mit ihm dem kommenden Reich Gottes entgegengehen. Die Nachfolge war hart. Die Jünger wurden mittellos. Ungeschützt waren sie dem Schicksal ausgesetzt. Zugleich aber muß diese Nachfolge für sie wie ein Glück gewesen sein. Man sollte sich Jesus immer auch als einen «Hans im Glück» vorstellen. Alle, die ihm nachfolgten, waren ihre Sorgen los. Sie lebten frei wie der Eichendorff'sche Taugenichts und ungebunden wie die Vögel, die nicht säen und nicht ernten und die ihr himmlischer Vater doch ernährt.

Die ersten Jünger konnten den Ruf in die Nachfolge noch ganz wörtlich nehmen, indem sie alles stehen und liegen ließen und mit Jesus gingen. Schon den Christen der zweiten Generation war dies nicht mehr möglich. Das erhoffte Ende dieser Welt zögerte sich hinaus. Bis es kommen sollte, bestanden die alten Bindungen an Haus, Beruf und Volk auf ihrem Eigenrecht. Deshalb mußte «Nachfolge» etwas anderes bedeuten als ein körperliches Losgehen, nämlich eine innere Beweglichkeit, eine geistige Freiheit, ein «Haben, als hätte man nicht» (2. Korintherbrief 7,29).

33. Warum hat Jesus die Kinder den Erwachsenen vorgezogen? Jesus war, was die Verteilung seiner Zuneigung anging, ungerecht. Einige waren ihm lieber als andere. Am liebsten waren ihm diejenigen, die in den damals herrschenden Verhältnissen keine Rolle spielten. Insofern war die ungerechte Verteilung seiner Zuneigung eine Form von ausgleichender Gerechtigkeit. Zu den Vertretern des sozialen und politischen Establishments hielt Jesus Abstand. Um so mehr aber wandte er sich den Randständigen zu: Kranken, Behinderten, Fremden, Armen, Frauen. Ganz besonders fühlte er sich den Kindern verwandt, und zwar nicht, weil er – in einem sentimentalen Sinne – kinderlieb gewesen wäre, sondern weil er in den Kindern die eigentlichen Vorbilder des Glaubens sah: sorglos und vorbehaltlos, wie es nur Kinder sein können,

Über Jesus 49

soll der Glaubende sich Gott, seinem himmlischen Vater, anvertrauen.

Einmal sprach Jesus zum Volk. Kinder drängten sich lärmend zu ihm. Die Jünger schimpften und wollten sie zur Seite schieben. Da wurde Jesus zornig und sprach: «Laßt die Kinder zu mir kommen und hindert sie nicht daran; denn ihnen gehört das Reich Gottes.» (Markus 10,14)

34. Kann man mit der Bergpredigt Politik machen? Die Bergpredigt ist eine Sammlung von einzelnen Sprüchen Jesu, die der Evangelist Matthäus kunstvoll zusammengeführt hat (Matthäus-Evangelium Kapitel 5–7). Um ihre große Bedeutung herauszustellen, läßt Matthäus Jesus diese Predigt auf einem – namenlosen – Berg halten. Der Berg ist ein symbolischer Ort. Er erinnert an den Berg Sinai, auf dem Mose von Gott die Zehn Gebote empfangen hat. Jesus tritt also vor seinen Jüngern und einer großen Volksmenge als ein neuer, besserer Mose auf, der eine andere, höhere Moralität verkündet. Sein «Gesetz» stellt eine Umwertung aller bisherigen Werte dar. Mit der Vollmacht eines Messias tritt Jesus vor die Menschen und jagt die alten Autoritäten von ihrem Thron. Das alte Gesetz hat seine Schuldigkeit getan. Nun ist es Zeit für eine andere Lebensordnung, die der anbrechenden Zeit des Heils entspricht. An sechs Beispielen macht Jesus dies seinen Hörern deutlich:

Ihr habt gehört, daß zu den Alten gesagt ist: Du sollst nicht töten. Ich aber sage euch: Wer mit seinem Bruder zürnt, der ist des Gerichts schuldig.

Ihr habt gehört, daß zu den Alten gesagt ist: Du sollst nicht ehebrechen. Ich aber sage euch: Wer eine Frau ansieht, sie zu begehren, der hat schon mit ihr die Ehe gebrochen in seinem Herzen.

Ihr habt weiter gehört, daß zu den Alten gesagt ist: Du sollst keinen falschen Eid schwören. Ich aber sage euch, daß ihr überhaupt nicht schwören sollt.

Ihr habt gehört, daß gesagt ist: Auge um Auge, Zahn um Zahn. Ich aber sage euch, daß ihr nicht widerstreben sollt dem Übel, sondern: Wenn dich jemand auf deine rechte Backe schlägt, dem biete die andere auch dar.

Ihr habt gehört, daß gesagt ist: Du sollst deinen Nächsten lieben und deinen Feind hassen. Ich aber sage euch: Liebt eure Feinde und bittet für die, die euch verfolgen. (Matthäus 5,21 ff)

Jesus hebt das alte Gesetz auf. Er befreit seine Hörer von der Last, nach einem starren Katalog von Regeln zu leben. Insofern ist seine Bergpredigt «liberal». Doch das bedeutet keineswegs, daß Jesus es seinen Hörern leichter machen wollte. Er hebt das alte Gesetz auf, indem er es überbietet und verschärft: «Ihr sollt nicht meinen, daß ich gekommen bin, das Gesetz aufzulösen, sondern zu erfüllen.» (Matthäus 5,17) Jesus erfüllt das Gesetz, indem er dessen eigentlichen Sinn freilegt. Dazu aber muß er es an wesentlichen Stellen erweitern, vertiefen und sogar umkehren. Mit diesen Umwertungen will er zeigen, daß Moralität vor allem eine Sache der Gesinnung und nicht der äußeren Handlung ist. Man kann sich nach außen hin regelkonform verhalten, aber innerlich doch ganz unmoralisch sein. Die Hände können Gutes tun, während das Herz böse ist. Deshalb muß vor allem der innere Sinn eines Menschen, sein Gewissen, verändert werden. In diesem Sinne kehrt Jesus die alten Gebote um – von außen nach innen. Nicht bloß Tötungshandlungen sollen verboten sein, sondern schon Haßgefühle. Nicht bloß der manifeste Ehebruch ist unmoralisch, sondern schon die Gier nach einer anderen Frau. Nicht bloß die eidliche Falschaussage vor Gericht ist verdammungswürdig, sondern überhaupt das Vortäuschen von Wahrhaftigkeit. Nicht bloß ist es verboten, mehr zu vergelten, als man an Übeln erlitten hat, sondern Rachegefühle an sich sind falsch.

An die Stelle der alten Gesetzestreue soll ein neues Gefühl treten: die grenzenlose und bedingungslose Liebe allen Menschen gegenüber. Wehrlos sollen Jesu Hörer alle Menschen lieben: Freunde, Fremde und Feinde. Denn sie sollen vollkommen sein, so vollkommen wie Gott selbst: «Denn wenn ihr nur zu euren Brüdern freundlich seid, was tut ihr Besonderes? Tun dasselbe nicht auch die Heiden?» (Matthäus 5,47)

Ebenso will Jesus die Religiosität verändern. «Habt Acht auf eure Frömmigkeit», ruft er seinen Hörern zu (Matthäus 6,1) und ermahnt sie zu einem unverfälschten Glauben, der sich nicht vor den Leuten ausstellt, sondern innerlich rein bleibt. Sie sollen nicht öffentlich Almosen geben und dabei öffentlichkeitswirksam spendabel erscheinen: «Wenn du aber Almosen gibst, so laß deine linke Hand nicht wissen, was deine rechte tut.» (Matthäus 6,3) Sie sollen nicht wie auf einer Bühne beten und dabei extra-fromm wirken: «Wenn du aber betest, so geh in dein Kämmerlein und schließ die Tür zu und bete zu deinem Vater, der in das Verborgene sieht.»

Über Jesus 51

(Matthäus 6,6) Sie sollen beim Fasten nicht theatralisch traurig tun: «Wenn du aber fastest, so salbe dein Haupt und wasche dein Gesicht.» (Matthäus 6,17)

Die wahre Frömmigkeit ist heimlich. Das heißt nicht, daß sie keine Auswirkungen hat. Aber ebenso wie die Liebe ist die Frömmigkeit ein so kostbarer, innerer Besitz, daß jede Zurschaustellung sie verderben würde. Wenn sie aber ein sorgsam geschütztes und gepflegtes inneres Licht ist, dann wird sie auch unweigerlich ausstrahlen und das ganze – innere und äußere – Leben bestimmen.

All diese neuen «Gesetze» zeigen, daß es Jesus nicht um ein neues Gesetz geht, eine weitere Sammlung feststehender Regeln, deren Einhaltung man objektiv überprüfen könnte. Vielmehr zielt er auf eine Umwandlung von Herz und Gewissen. Dabei verbindet Jesus auf sehr eigentümliche Weise Härte und Zartheit. Unendlich hart – und keineswegs nur bildlich gemeint – ist seine Aufforderung, man solle lieber das eigene Auge herausreißen, als gierig auf fremde Frauen zu schauen. Unerbittlich klingt ebenfalls sein Verbot, zu sparen und Besitz anzustreben: «Denn wo dein Schatz ist, da ist auch dein Herz. Niemand kann zwei Herren dienen: Entweder er wird den einen hassen und den andern lieben, oder er wird an dem einen hängen und den andern verachten. Ihr könnt nicht Gott dienen und dem Mammon.» (Matthäus 6,21.24) Hier kennt Jesus keinen Kompromiß. Es gibt nur ein Entweder-Oder.

Zugleich aber haben diese harten Ermahnungen eine verblüffende weiche Seite. Diese zeigt sich dort, wo Jesus über das menschliche Sorgen spricht. Wie unsinnig es doch ist. Warum sorgen sich die Menschen um sich selbst, wo doch Gott selbst für sie sorgen will?

Sorgt nicht um euer Leben, was ihr essen und trinken werdet; auch nicht um euren Leib, was ihr anziehen werdet. Ist nicht das Leben mehr als die Nahrung und der Leib mehr als die Kleidung? Seht die Vögel unter dem Himmel an: sie säen nicht, sie ernten nicht, sie sammeln nicht in die Scheunen; und euer himmlischer Vater ernährt sie doch. Seid ihr denn nicht viel mehr als sie? Wer ist unter euch, der seines Lebens Länge eine Spanne zusetzen könnte, wie sehr er sich auch darum sorgt? Und warum sorgt ihr euch um die Kleidung? Schaut die Lilien auf dem Feld an, wie sie wachsen: sie arbeiten nicht, auch spinnen sie nicht. Ich sage euch, daß auch Salomo in aller seiner Herrlichkeit nicht gekleidet gewesen ist wie eine von ihnen. Wenn nun Gott das Gras auf dem Feld so kleidet, das doch heute steht und morgen in den Ofen geworfen wird: sollte er das nicht viel

52 *Über Jesus*

mehr für euch tun, ihr Kleingläubigen? Deshalb sollt ihr nicht sorgen und sagen: Was werden wir essen? Was werden wir trinken? Womit werden wir uns kleiden? Nach dem allen trachten die Heiden. Denn euer himmlischer Vater weiß, daß ihr all dessen bedürft. Trachtet zuerst nach dem Reich Gottes und nach seiner Gerechtigkeit, so wird euch das alles zufallen. (Matthäus 6,25 ff)

Die Bergpredigt enthält keine Moral für diese Welt. Mit ihr läßt sich kein Staat machen. Auf ihr läßt sich keine Wirtschaftsordnung errichten. Jeder Mensch muß ein Interesse daran haben, Besitz zu erwerben, um für zukünftige Notlagen vorzusorgen. Jeder Mensch muß darauf achten, daß er in seinen Rechten nicht beschnitten und in seiner Ehre nicht gekränkt wird. Jeder Staat muß Rechtssicherheit gewähren. Jeder Staat muß Landesverteidigung betreiben. Äußere Feinde müssen im Notfall mit Gewalt abgewehrt werden. Heißt das nun, daß Christen keine öffentlichen Ämter bekleiden dürfen oder daß Politiker und Soldaten keine Christen sein können? Das sind schwerwiegende Fragen, welche die gesamte Christentumsgeschichte durchziehen.

Die klassische katholische Antwort hat versucht, den Geltungsbereich der Bergpredigt einzuschränken. Gebote wie das der Feindesliebe und der Sorglosigkeit seien «evangelische Räte», denen nur die vollkommenen Christen – Mönche und Priester – nachkommen müßten. Bei den gewöhnlichen Christen genüge es, wenn sie sich an weniger exaltierte Regeln wie die Zehn Gebote hielten.

Die klassische evangelische Antwort hat versucht, diese Einschränkung auf bestimmte Personengruppen aufzuheben. Die Bergpredigt sollte allen gelten, aber nicht in jeder Hinsicht. Was die persönliche Gesinnung angehe, seien diese Gebote für jeden Christen gültig – nicht aber was die jeweilige Funktion angehe. Christlichen Politikern und Wirtschaftsführern sei es in ihrer Amtsführung durchaus erlaubt, pragmatisch nach den Regeln dieser Welt zu handeln, wenn sie nur für sich selbst – innerlich – an der Bergpredigt orientiert blieben.

Ob beide Versuche die Grundfrage wirklich beantworten, mag dahingestellt sein. Eine echte Antwort wird es kaum geben können. Denn die Bergpredigt will gar keine Gesellschaftsordnung stiften und kein politisches Programm vortragen. Sie betrachtet diese Welt nicht mit menschlichen Augen, sondern vermißt eine neue Welt

Über Jesus 53

nach göttlichem Maß. Sie schaut auf eine Überwelt, die von Übermenschen bewohnt wird. Dennoch verkündet Jesus keine abseitige Utopie, sondern tritt mit dem Anspruch auf, daß seine Gebote wahrhaft human sind und eine Welt, in der sie befolgt würden, eine im eigentlichen Sinne menschliche Welt wäre. Wer nach diesen Geboten lebte, wäre wahrhaft glücklich. Daß es Jesus nicht um eine planmäßige Überforderung seiner Hörer durch eine absurde Hypermoral ging, sondern daß er ihr Glück im Auge hatte, zeigen die berühmten Eingangsverse der Bergpredigt. Die Seligpreisungen sind ein großes Glücksversprechen. Sie beschränken sich nicht darauf, denen, die im Diesseits den Weisungen Jesu gefolgt sind, eine jenseitige Seligkeit zu versprechen. Vielmehr sprechen sie allen, die im Geiste Jesu handeln und leiden, schon jetzt das volle und wahre Glück zu:

Glückselig sind, die da geistlich arm sind; denn ihrer ist das Himmelreich.
Glückselig sind, die da Leid tragen; denn sie sollen getröstet werden.
Glückselig sind die Sanftmütigen; denn sie werden das Erdreich besitzen.
Glückselig sind, die da hungert und dürstet nach der Gerechtigkeit; denn sie sollen satt werden.
Glückselig sind die Barmherzigen; denn sie werden Barmherzigkeit erlangen.
Glückselig sind, die reinen Herzens sind; denn sie werden Gott schauen.
Glückselig sind die Friedfertigen; denn sie werden Gottes Kinder heißen.
Glückselig sind, die um der Gerechtigkeit willen verfolgt werden; denn ihrer ist das Himmelreich. (Matthäus 5,3 ff)

35. Warum mußte Jesus sterben? Die Passionsgeschichten der Evangelien sind keine objektiven Tatsachenberichte. Sie wurden verfaßt, um auf religiöse Fragen Antwort zu geben: Wie konnte es geschehen, daß der Messias entgegen allen Erwartungen so schändlich sterben mußte? Was ist der tiefere Sinn und die geheime Notwendigkeit des Kreuzes? Inwiefern ist der Tod des Gottessohnes Gottes eigenes Werk? Die Evangelisten wollen verständlich machen, daß dieser Tod kein Zufall war, sondern der notwendige und von den alttestamentlichen Propheten vorhergesagte Höhepunkt eines göttlichen Heilsplans: Jesus mußte sterben, um die Menschheit zu erlösen. Jesus mußte am Karfreitag sein Leben lassen, um es am Ostermorgen neu zu gewinnen. Die Motivation Jesu selbst, weshalb er nach Jerusalem gezogen und vor dem drohenden Unheil nicht geflohen ist, läßt sich kaum noch ausmachen. Sie ist von dieser Deutung, die ganz aus dem Glauben an die Auferstehung Jesu lebt, aufgesogen worden.

36. Wer war schuld an der Kreuzigung Jesu? Der «Fall Jesus von Nazareth» läßt sich juristisch nicht mehr einwandfrei rekonstruieren. Denn die Darstellung der Evangelien ist nicht nur religiös motiviert. Sie ist auch nicht selten tendenziös. In ihr spiegelt sich der Konflikt des Urchristentums mit dem jüdischen Establishment. Allzu einseitig erscheinen darum die jüdischen Anführer und die von ihnen manipulierten Massen als die Verantwortlichen für das schreckliche Ende Jesu. Diese Tendenz wurde in der weiteren Christentumsgeschichte auf abstoßende Weise vergröbert und verschärft. Viele Verbrechen an den Juden wurden damit gerechtfertigt, daß diese doch die Mörder Christi seien.

Diese Aussage ist im eigentlichen Sinne unchristlich. Strenggenommen sind nach der Passionstheologie des Neuen Testaments nicht irgendwelche Menschen – egal ob Juden oder Römer – schuld am Tod Jesu. Vielmehr ist das Kreuz auf den Willen Gottes zurückzuführen. Aber kann man deshalb sagen, daß Gott die Schuld für das Kreuz trägt? Er hat es doch nur zugelassen, um die gefallene Menschheit zu erlösen. Wer die Frage so stellt, gelangt zu sehr problematischen Antworten. Darum haben die alten Passionslieder der Frage nach der Schuld – oder besser gesagt: nach der Ursache des Kreuzes – eine ganz andere Richtung gegeben. Sie machen nicht andere für das Kreuz verantwortlich. So heißt es in Paul Gerhardts berühmtem Choral *O Haupt voll Blut und Wunden* in der vierten Strophe:

> Nun, was du, Herr, erduldet,
> ist alles meine Last;
> ich hab es selbst verschuldet,
> was du getragen hast.

37. Was ist Ostern geschehen? Das früheste Zeugnis über das, was am Ostermorgen geschehen ist, stammt von Paulus. Doch wer ausführliche Beschreibungen und konkrete Geschichten erwartet, wird enttäuscht. Vom leeren Grab oder von wunderbaren Begegnungen ist keine Rede. Paulus beschränkt sich auf eine recht nackte Zusammenfassung und führt trocken auf, «daß Christus gestorben ist für unsere Sünden, daß er begraben worden ist und daß er auferstanden ist am dritten Tag und daß er danach gesehen worden ist von Petrus, danach von allen zwölf Jüngern und danach von mehr als fünfhundert Brüdern, danach von Jakobus und allen Aposteln». (1. Korintherbrief 15,3 ff) Paulus benennt lediglich den heilsgeschichtlichen Dreischritt von Kreuzigung, Beerdigung und Auferstehung, um dann der Reihe nach die Zeugen aufzuführen. Diese waren keine Augenzeugen im landläufigen Sinne, sondern Visionäre. Sie haben den lebendigen Jesus in einer Vision geschaut.

Die Ostervisionen wird man nicht einfach als Wunschträume oder Vertröstungen abtun können, die nach einer leicht zu durchschauenden Logik die Verzweiflung der Jünger in Freude umkehren sollten. Im Gegenteil, die Zeugen scheinen sie als vollkommen überraschende Wende erfahren zu haben. Euphorisch und voller Erwartung waren sie mit ihrem Meister nach Jerusalem gezogen. Dort aber hatten sie erleben müssen, wie ihr Messias den Tod eines gewöhnlichen Verbrechers starb. Ängstlich, verzweifelt und enttäuscht hatten sie ihn in seiner letzten Stunde allein gelassen. Ihre Mission war gescheitert, ihre Hoffnung zerbrochen. Alles war aus.

Dann aber ereignete sich eine geheimnisvolle Kehre, die historisch oder psychologisch nicht mehr aufzulösen ist. Der Tote «erschien» seinen Anhängern. Sie «schauten» ihn. Und plötzlich begann ihre Geschichte mit Jesus ganz von neuem. Anschaulich wird dieser Neubeginn in den Ostergeschichten der vier Evangelien. Als historische Berichte kann man sie nicht lesen, dafür unterscheiden sie sich voneinander viel zu sehr. Es sind Glaubensgeschichten, die in symbolhaften Erzählungen einen Eindruck davon vermitteln wollen, daß das Kreuz nicht das Ende, sondern Beginn eines neuen Lebens war. Der religiöse Sinn aller Ostergeschichten läßt sich mit einem Vers aus dem Lukas-Evangelium zusammenfassen. Am Ostermorgen kommen die Freundinnen Jesu zum Friedhof, um seinem Leichnam die traditionelle rituelle Pflege zukommen zu lassen, müssen aber erschreckt feststellen, daß sein Grab leer ist. Da treten zwei Engelwesen zu ihnen und stellen ihnen die alles entscheidende Frage: «Was sucht ihr den Lebendigen bei den Toten?» (Lukas 24,5)

Über den heiligen Geist und die frühe Kirche

38. Warum ist Pfingsten der Geburtstag der Kirche? Nach der Logik der christlichen Heilserzählung mußten die Jünger zweimal von Jesus Abschied nehmen: das erste Mal unter dem Kreuz und das zweite Mal am Ende der Osterzeit. Der Auferstandene, den sie mitten unter sich «schauten», konnte nicht ewig bleiben. Er mußte in die Ewigkeit zurück und in den Himmel fahren. Himmelfahrt ist also das Fest des endgültigen Abschieds von Jesus. Was würde nun von ihm bleiben? Wer würde seine Stelle vertreten? Um diese Fragen kreist Pfingsten.

Das deutsche Wort «Pfingsten» leitet sich von der griechischen Zahl 50 («pentekoste») her und bezeichnet den fünfzigsten Tag nach Ostern. Dieser Tag fällt zusammen mit dem jüdischen Wochenfest, einem Wallfahrtsfest zur Weizenernte. Zu diesem Fest waren auch die Jünger aus Galiläa nach Jerusalem gekommen. Den Einwohnern und den Pilgern wollten sie von ihren Visionen des Auferstandenen berichten. Da kam ein Brausen vom Himmel, und es erschienen ihnen Flammenzungen und setzten sich auf einen jeden. Der «Geist» erfaßte sie und versetzte sie in Ekstase. Die Jünger begannen «in Zungen» zu reden, d. h. diese ungebildeten Galiläer fingen plötzlich an, in fremden Sprachen zu predigen, die sie nie gelernt hatten. Manche der Einheimischen und der fremdsprachigen Pilger fühlten sich angesprochen. Andere spotteten, die Jünger wären wohl betrunken. (Apostelgeschichte 2)

Aber was für Außenstehende wie Trunkenheit wirkte, war für die Jünger ein heiliger Rausch. Vom Geist berauscht, gewannen sie neue Gläubige und gründeten die ersten Gemeinden. In diesem Sinne ist Pfingsten die Geburtsstunde der Kirche. Die Quelle der Kirche ist also eine heilige Begeisterung gewesen. Als diese Quelle noch frisch und kräftig sprudelte, kam die Kirche mit einem Minimum an Formen aus. Sie brauchte noch keinen Apparat von Regeln und Riten. Das kam erst, als die anfängliche Begeisterung abgeklungen war. Ursprünglich umschloß die Kirche jeden, der sich begeistern ließ, mit offenen Armen. Daraus erklärt sich, daß die älteste christliche Gemeinschaft einen mehr enthusiastischen als rechtlichen Charakter hatte. Alle Äußerungen des Außeralltäglichen galten als sichere Zeichen der Jüngerschaft – als da wären: Zungenreden, Weissagen, ekstatische Artikulation in Jubel, Entzücken, Singen, Lallen, Stammeln und Seufzen. Dazu gehörte auch eine außeralltägliche Moralität der radikalen Sorglosigkeit. Sie manifestierte sich in unbedingter Freigebigkeit, selbstgewählter Besitzlosigkeit und heroischer Unbekümmertheit um das eigene Leben – bis hin zum Märtyrertod.

Damit begann alles. Dabei konnte es nicht bleiben. Die Geschichte der Alten Kirche ist bestimmt von der Spannung zwischen Enthusiasmus und Institution. Langsam, aber sicher verebbte die ursprüngliche Begeisterung. Die erste Anspannung ließ sich auf Dauer nicht halten. Zudem drohte der Geist zu zerfasern und zu verfransen. So viele Propheten, Heiler und Wunderlehrer beanspruchten jeder für sich, Träger des Geistes zu sein. Aber sie widersprachen sich. Wer also sprach wirklich aus dem Geist Gottes und sagte die Wahrheit? Wie ließ sich der christliche Glaube auf Dauer bewahren, wenn die Ursprungsquelle nicht mehr so mächtig sprudelte wie am Anfang?

Auf diese Fragen versuchte die junge Kirche Antworten zu finden. Ihr wichtigstes Mittel dafür war das «Amt». Die junge Kirche bildete Ämter aus und band den Geist an Institutionen. Der Geist sollte nicht mehr wehen, wo er gerade wollte, sondern eingebunden sein in eine Hierarchie. Er sollte nicht mehr das zufällige Charisma einer Einzelperson sein, sondern Amtsträgern vorbehalten bleiben. In diesem Sinne erfand die katholische Kirche die «apostolische Sukzession». Nach dieser Lehre – man könnte auch sagen: nach dieser Legitimationslegende – wurde der Ursprungsgeist in einer langen, ununterbrochenen Reihe durch Handauflegung vom ersten Bischof, Petrus, bis zum jüngsten Bischof dieser Tage weitergegeben – und von den Bischöfen weiter an alle Priester. Der göttliche Geist wurde also eingefaßt in eine eherne Kette von Amtsträgern. Dieses Verständnis von Ordination ist dem evangelischen Christentum fremd. Zwar kennt es auch die Ordination von Amtsträgern, aber diese ist nichts anderes als ein besonderer Segen für eine besondere kirchliche Aufgabe. Zu einer Klerikalisierung des Geistes wie im Katholizismus kann es so nicht kommen.

Aber man sollte den Wert dieser frommen Verbeamtung des Geistes nicht unterschlagen. Die viel gescholtene Amtskirche hat verhindert, daß der Geist des Christentums von gnostischen Irrgeistern okkupiert werden konnte. Dieser Institutionalisierung ist es zu verdanken, daß aus der ersten Gemeinde eine weltweite Kirche erwachsen konnte, die viele Epochenbrüche überstehen soll. Zugleich aber durchzieht die gesamte Christentumsgeschichte eine Grundspannung zwischen Geist und Amt. Der ursprüngliche Enthusiasmus verlangte nach Institutionalisierung, die aber allzu schnell das freie Wehen des Geistes einzuschnüren drohte. Deshalb folgten auf Phasen der Verfestigung immer wieder Phasen der Verflüssigung und des begeisterten Protests – wie in der Reformation oder in der Mystik. Doch auch diese neuen Eruptionen des Geistes führten schon bald wieder zu neuen Formen der Veralltäglichung und Verstetigung.

39. Müssen Christen Mission betreiben? Das Christentum ist eine missionarische Religion, weil es eine Weltreligion ist. Es unterscheidet sich von den alten Volksreligionen dadurch, daß es seinen Wahrheitsanspruch nicht auf ein bestimmtes Territorium oder die Angehörigen eines Stammes oder einer Nation beschränken kann. Das Christentum geht aufs Ganze. Es sieht in seinem Gott den einen und einzigen Herrn und Schöpfer der ganzen Welt und richtet sich darum an alle Menschen. Folgerichtig überspringt es mit seiner Mission alle ethnischen, nationalen oder sozialen Grenzen.

«Mission» heißt «Sendung». Schon die ersten Christen sahen sich vom auferstandenen Christus in alle Welt gesandt. Am Ende des Matthäus-Evangeliums ruft er den Jüngern zu:

Mir ist gegeben alle Gewalt im Himmel und auf Erden. Darum gehet hin und machet zu Jüngern alle Völker: Taufet sie auf den Namen des Vaters und des Sohnes und des Heiligen Geistes und lehret sie halten alles, was ich euch befohlen habe. Und siehe, ich bin bei euch alle Tage bis an der Welt Ende. (Matthäus 28,18 ff)

Diese Verse waren zugleich Auftrag und Verheißung.

Die ersten Jünger versuchten zunächst, unter den Juden Anhänger zu finden. Schon bald aber gingen sie dazu über, die heidnischen Nachbarn von ihrer Wahrheit zu überzeugen. Paulus begann dann systematische Missionsreisen durch fast das gesamte Römische Reich. Er gründete in wichtigen Städten Gemeinden, die dann Ausgangspunkt für weitere Gemeindegründungen in ihrer Region wurden. Schon gegen Ende des zweiten Jahrhunderts war das Christentum in allen Ländern des Mittelmeerraums präsent. Es drang

Über den heiligen Geist und die frühe Kirche 59

nun in die weiter entfernten Provinzen vor. Teilweise überschritt es auch die Reichsgrenzen. Einzelne Missionare scheinen bis nach Indien ge-kommen zu sein. Es blieb also nicht nur bei dem Anspruch, eine Weltreligion zu sein, sondern das Christentum wirkte wie keine andere Religion vorher – und nachher – in alle Weltteile. Und dies gelang der frühen Mission allein mit friedlichem Engagement und rein religiösen Mitteln.

Dies änderte sich, als das christliche Europa sich in der beginnenden Neuzeit zum zweiten Mal aufmachte, das Christentum bis «an der Welt Ende» zu verbreiten. Jetzt aber war Mission nicht mehr eine rein religiöse Angelegenheit, sondern verknüpft mit der politischen Ausbreitung einiger europäischer Nationen. Mission wurde ein Teil von Kolonialisierung und Imperialismus. Als die Spanier und Portugiesen die Neue Welt unterwarfen, nahmen sie auch Priester mit, welche die neu entdeckten Völker bekehren und belehren sollten. Als die Engländer, Holländer, Franzosen und – verspätet und mit geringem Erfolg – die Deutschen sich ihren Platz unter der Sonne sichern wollten, versuchten sie die afrikanischen und asiatischen Völker nicht nur zu unterwerfen und auszubeuten, sondern auch zu ihrem Glauben zu bringen.

Die Mission war hier immer auch ein Herrschaftsinstrument der europäischen Aggressoren. Als solche hat sie eine große welthistorische Schuld auf sich geladen, weil sie fremden Kulturen mit Hilfe staatlicher Zwangsmaßnahmen ihre Identität – und vielen Menschen auch das Leben – geraubt hat. Andererseits aber hat die christliche Mission auch positive Wirkungen entfaltet. Sie hat manchen Völkern und Stämmen einen ungeheuren kulturellen Fortschritt gebracht. Interessanterweise hat die christliche Mission nur dort wirklich dauerhaften Erfolg gehabt, wo sie auf diese Weise wirken konnte. Die Missionsbemühungen bei klassischen Kulturvölkern – wie Indern, Japanern und Chinesen – oder bei Anhängern von Hochreligionen – wie Juden, Muslimen, Hindus und Buddhisten – waren zumeist vergeblich. Bei sogenannten primitiven Völkern jedoch konnte die Mission gelingen, weil sie nicht einfach nur einen neuen Glauben, sondern immer auch eine kulturelle Innovation brachte.

40. Was war das Erfolgsgeheimnis der frühen Christenheit?
Man ist es gewohnt, das Christentum wie selbstverständlich als

60   *Über den heiligen Geist und die frühe Kirche*

größte Weltreligion aufzufassen. Man kennt es ja nicht anders. Dabei war es im Anfang mehr als unwahrscheinlich, daß die winzige Sekte der Jesus-Anhänger sich auf dem religiösen Markt der Antike durchsetzen würde. Es wäre auch denkbar gewesen, daß die alten heidnischen Kulte wieder an Kraft gewonnen hätten oder daß andere Religionsimporte aus dem Vorderen Orient – wie die esoterischen Mysterienkulte – die Marktführerschaft erlangt hätten. Worin also lag das besondere Erfolgsrezept des Christentums?

Es sind viele Faktoren gewesen, welche die Menschen der ausgehenden Antike zum christlichen Glauben hingezogen haben. Da war zunächst der Monotheismus, der den alten Polytheismus überlegen zu sein schien, der aber im Vergleich zum jüdischen Monotheismus nicht so nackt und abstrakt erschien. Der christliche Monotheismus hatte in Jesus Christus einen bildlichen Fokus. Zudem war er anders als das Judentum – und die alten heidnischen Volksreligionen – schlechthin universal. Er richtete sich an alle Menschen, unabhängig von ihrer ethnischen Herkunft – und paßte darin gut zum globalisierten Römischen Reich. Dieser universale Monotheismus barg in sich ein großes Erlösungsversprechen. Und diese Erlösung sollte allen Menschen zuteil werden, nicht nur den philosophisch Gebildeten und sozial Privilegierten, sondern gerade auch denen, die in dieser Welt keine Hoffnung auf Besserung haben durften: den Frauen, den Armen und den Sklaven. Jeder Menschenseele wurde ein unendlicher Wert zugesprochen. Hierin liegt der Keim einer religiösen Individualisierung, die in der späten Antike ein großes Bedürfnis geworden war, weil sich die alten Bindungen aufgelöst hatten. Komplementär zu dieser Individualisierung bot das Christentum ein festes Gemeinschaftsleben an. Anders als die Mysterienkulte und Philosophenschulen bildete das junge Christentum eine Kirche aus. Diese starke, feste Institution wurde zu einem wichtigen Halt. Je mehr das Reich an Kraft verlor, um so mehr erschien die Kirche als Garant für Sicherheit und Orientierung. Die Kirche wurde zudem von vielen charismatischen Gestalten angeführt, welche die Massen zu bewegen vermochten: Wundermönche und Extremasketen, aber auch große Bischöfe wie Ambrosius von Mailand. Die Kraft der Kirche zeigte sich nicht zuletzt in ihrer unbedingten Wahrheitstreue. Anders als die meisten anderen Kulte war das Christentum nicht «tolerant», sondern fest von seinem exklusiven Wahrheitsbesitz überzeugt. Diese «Intoleranz»

Über den heiligen Geist und die frühe Kirche 61

führte beim Christentum – solange es noch keine Staatsreligion war – nicht dazu, daß man andere verfolgte, sondern dazu, daß man selbst entschlossen war, Verfolgungen zu ertragen. Für ihren Glauben erlitten viele Christen das Martyrium und zeigten einer ungläubigen Umwelt, was für eine Todesverachtung aus religiöser Wahrheitsliebe erwachsen kann. Neben dieser Todesverachtung hinterließ auch die Liebesfähigkeit der frühen Christen einen großen Eindruck. Sie predigten nicht nur die Liebe Gottes, sondern praktizierten eine bisher unbekannte Barmherzigkeit. Sie halfen Schwachen, Kranken, Armen, Witwen und Waisen durch Almosen, durch Besuche, durch Gespräche und auch durch kostenlose, würdevolle Bestattungen.

41. Worin unterscheidet sich ein christlicher von einem islamistischen Märtyrer? «Martyrium» heißt übersetzt «Zeugnis». Ein Märtyrer ist nach christlichem Verständnis ein Mensch, der trotz der Androhung oder der Vollstreckung blutiger Strafen seinem Glauben treugeblieben ist. Von ihm wird der «Konfessor», der «Bekenner», unterschieden, der wegen seines Glaubens unblutig bestraft wurde. Die Märtyrer und Konfessoren waren nun nicht allein Opfer. Indem sie die Verfolgung durch die römische Obrigkeit wehrlos ertrugen, gaben sie – sehr aktiv und selbstbestimmt – ein Zeugnis für ihren Glauben ab. Mit ihrer Todesverachtung und Prinzipientreue beeindruckten sie viele Heiden. Das Martyrium war ein entscheidender Faktor der Mission. In der Alten Kirche galt das Sprichwort: «Ein Same ist das Blut der Christen.» Viele Märtyrer wurden kultisch verehrt. Manche wurden zu Heiligen erhoben, und Feste wurden zu ihren Ehren gefeiert. Allerdings gab es auch Extremfälle, wo Menschen sich von einer übertriebenen Martyriumslust den Verfolgern und Mördern selbst aufdrängten. Die Alte Kirche hat dies stets mißbilligt, weil sie darin einen religiös verbrämten Selbstmord sah.

Man sollte übrigens nicht denken, daß es nur in der Antike christliche Märtyrer gegeben hat. Auch heute noch müssen viele Christen wegen ihres Glaubens Verfolgungen ertragen – so in vielen Teilen der islamischen Welt, aber auch in China und Indien. Dies aber wird in Europa selten zur Kenntnis genommen, ebenso wie man kaum noch weiß, daß die eigene – christlich geprägte – Kultur ganz wesentlich von Märtyrern mit ins Leben gerufen wurde.

Erst die New Yorker Anschläge vom 11. September haben den Begriff «Märtyrer» wieder ins öffentliche Bewußtsein gebracht. Jetzt aber wird er als Bezeichnung für Selbstmordattentäter verwendet. «Märtyrer» werden nun diejenigen Anhänger eines fundamentalistischen Islamismus genannt, die sich selbst so in die Luft sprengen, daß sie dabei möglichst viele andere Menschen mit in den Tod reißen. Damit meinen sie für ihre Religion ein Zeugnis abzulegen. Natürlich sollte man den Islamismus nicht mit «dem» Islam verwechseln. Mit seiner Mordlust widerspricht er den ethischen Grundprinzipien dieser Religion. Dennoch muß man festhalten, daß es in der islamischen Welt eine mächtige religiöse Subkultur des Selbstmords gibt. Viele Kinder und Jugendliche werden von ihren Eltern und Lehrern gezielt auf ein solche Tat hin abgerichtet. Die Motive für solche Taten lassen sich nur bedingt aufklären. Keineswegs ist es so, daß alle Attentäter aus sozialer Not oder wegen ihrer politischen Unterdrückung so handeln. Manche von ihnen kommen aus wohlhabenden Familien und entstammen keineswegs so geschundenen Völkern wie den Palästinensern. Man wird also sagen müssen, daß hier ein religiöser Wahn, ein manischer Fremdenhaß am Werk ist, der junge Menschen zum Selbst- und Massenmord anstachelt.

Man sollte solche Mörder nicht «Märtyrer» nennen. Diesen Begriff sollte man besser als einen Ehrentitel denen vorbehalten, die friedlich und wehrlos für ihren Glauben einstehen und darum Gewalt und Unrecht erleiden, also Personen wie Dietrich Bonhoeffer, Mahatma Gandhi oder Martin Luther King.

42. Warum wurde aus der frühen Christenheit, die anfangs eine verfolgte Minderheit war, später eine Kirche, die andere Minderheiten verfolgte? Im Römischen Reich herrschte eigentlich religiöse Toleranz. Eine Fülle alter und junger Kulte lebte friedlich nebeneinander, wenn sie sich nicht sogar miteinander vermischten. Man lebte einen selbstverständlichen religiösen Pluralismus, bis das Christentum auf den Plan trat. Die kleine, aus Palästina importierte Sekte war ein Störenfried. Sie war nicht «tolerant», denn sie konnte andere Götter und Wahrheiten nicht dulden. Sie sah sich einer einzigen, universalen Wahrheit verpflichtet. Natürlich war das im Kern «intolerante» Christentum friedlich. Die frühen Christen gehorchten der Obrigkeit, sie hielten sich an die Gesetze und zahlten ihre Steuern. Sie riefen nicht zu grundstürzenden Sozialreformen – wie etwa einer Abschaffung der Sklaverei – auf und verursachten keine

Über den heiligen Geist und die frühe Kirche 63

politischen Unruhen. Sie kämpften für ihre Wahrheit, aber sie taten dies mit geistlichen Mitteln: der Predigt, dem Gespräch, dem Gebet, der Nächstenliebe.

Für die Wahrheit zu streiten hieß für die ersten Christen vor allem, für die Wahrheit zu leiden. Ihre Leidensbereitschaft wurde im Übermaß geprüft. Zunächst sahen die Römer in den Christen die Angehörigen einer jüdischen Sekte. Doch bald erkannten sie, daß diese winzige Gruppe eine Gefahr für das Reich darstellte. Denn an einem Punkt wirkten die Christen in der Tat umstürzlerisch. Sie verweigerten sich dem Kaiserkult. Sie verehrten die Statuen des Kaisers nicht und riefen die Staatsgötter nicht an. Das aber war ein Staatsverbrechen. Denn wer dem Staat die religiöse Anerkennung verwehrte, der griff seine Grundlage an. Seit der Zeit des Kaisers Trajan (98–117 n. Chr.) galt der christliche Glaube darum als Straftatbestand.

Schon bald wurden die Christen als Rechtlose behandelt, die man jederzeit schädigen, inhaftieren und töten konnte. Ohne Schutz waren sie Denunziationen ausgesetzt. Zunächst traf es nur einzelne. Dann kam es zu Pogromen, wie der ersten großen Christenhetze, die Nero 64 n. Chr. nach dem Brand von Rom anzettelte. Im Jahr 250 begann Kaiser Decius eine erste reichsweite und gesetzlich abgesicherte Verfolgung, die sein Nachfolger Valerianus fortsetzte. Es war ein Jahrzehnt des Terrors, dem vor allem ein Großteil des Klerus zum Opfer fiel. Anschließend folgte eine Ruhephase, bis Diokletian, einer der tüchtigsten Kaiser der Spätantike, eine neue Repression in Gang setzte. Er wollte das schwächelnde Reich wieder vereinheitlichen und zentralisieren. Die Verfolgung der religiösen Nonkonformisten war eine logische Folge. Im Jahr 303 machte sich die Staatsmacht im Verbund mit dem Pöbel an die Zerstörung von Kirchen, die Vernichtung von heiligen Schriften und die Inhaftierung und Ermordung besonders von Klerikern.

Es sollte bei diesem letzten grausamen Kraftakt bleiben. Denn trotz vieler «Erfolge» ließ sich der neue Glaube nicht mehr aus der Welt schaffen. Kaiser Galerius, obwohl persönlich ein Feind des Christentums, sah dies im Jahr 311 ein und erließ ein Toleranzedikt. Dies war für die Christen ein erster wichtiger Schritt zur Rechtssicherheit. Im folgenden Jahr errang Konstantin die Macht und rief 313 die uneingeschränkte Religionsfreiheit aus. Dies war der entscheidende Wendepunkt. Das Christentum hatte über seine

Feinde gesiegt. Schon bald wurde es nicht mehr nur geduldet, sondern unter Kaiser Theodosius dem Großen im Jahr 380 zur neuen Staatsreligion erklärt.

Nun kippte die Geschichte. Die «Konstantinische Wende» verwandelte die Kirche. War diese vorher verfolgt worden, begann sie nun selbst, andere zu verfolgen. Noch nie konnte sie es bejahen, daß außer ihrem Gott noch andere Götter verehrt wurden. Doch jetzt wollte sie nicht mehr nur mit geistlichen Waffen kämpfen. Sie setzte gezielt die neu gewonnene staatliche Macht für ihre Sache ein. Plötzlich wandten sich Christen wie der sizilianische Anwalt Firmicus Maternus an die Kaiser Constantius II. und Constans und riefen sie dazu auf, die Heiden zu bekämpfen: «Aber auch euch, allerheiligste Kaiser, wird die Verpflichtung, dieses Übel (des Heidentums) zu züchtigen und zu strafen, auferlegt, und dies wird euch durch das Gesetz des höchsten Gottes geboten, daß eure Strenge den Frevel der Verehrung von Götzenbildern auf jede erdenkliche Weise verfolge.» In diesem Sinne äußerte sich auch ein so hochgebildeter Kirchenvater wie Augustin, der doch selbst dem philosophischen und literarischen Erbe der Antike zutiefst verpflichtet war: Man muß die Heiden zwingen, der Kirche beizutreten. In der Folge wurden alte Kulte verboten. Die olympischen Spiele wurden eingestellt. Ein christlicher Mob stürmte die Tempel und vernichtete große heidnische Kunstwerke. Es kam zu regelrechten Heidenverfolgungen. Mit Haß und Gewalt ging die neue Staatsreligion aber auch gegen die Juden und christliche Abweichler vor.

Es ist erschreckend, wie schnell aus Opfern Täter wurden. Wie konnte es dazu kommen? Die beste Antwort hat Fjodor Dostojewskij in seiner Legende vom «Großinquisitor» gegeben, einem Teilstück seines Romans *Die Brüder Karamasow*. Diese höchst eigenartige Legende spielt im Sevilla des sechzehnten Jahrhunderts:

Gerade hat man ein großes Autodafé (lateinisch-portugiesisch für «Akt des Glaubens») gefeiert und eine Unzahl Ketzer verbrannt. Da erscheint Jesus und wandert durch die Stadt. Sofort wird er verhaftet und eingekerkert. In der Nacht kommt der Großinquisitor zu ihm und hält vor ihm eine lange, furchtbare Anklagerede:
«Bist du es? Warum bist du hergekommen, uns zu stören? Denn um uns zu stören, bist du gekommen, und du weißt das selbst. Was willst du hier? Du hast den Menschen Freiheit geben wollen, aber sie haben mit ihr nicht leben können. Deine Freiheit ist für sie eine übermenschliche Last. Wir

Über den heiligen Geist und die frühe Kirche

haben diese Freiheit überwältigt, um die Menschen glücklich zu machen. Du gehst durch die Welt mit leeren Händen, mit einem Versprechen von Freiheit, das die Menschen in ihrer Einfältigkeit und angeborenen Schlechtigkeit nicht einmal begreifen können, das ihnen Furcht und Schrecken einflößt. Denn nichts ist jemals für den Menschen und für die menschliche Gesellschaft unerträglicher gewesen als die Freiheit! Der Mensch ist schwächer und niedriger, als Du von ihm geglaubt hast! Der Mensch braucht etwas, an das alle glauben und es anbeten, unbedingt alle zusammen – ohne Ausnahme. Deshalb haben wir an die Stelle der Freiheit drei andere Prinzipien gesetzt: das Wunder, das Geheimnis und die Autorität. Denn die Menschen wollen sich unterwerfen. Sie wollen erlöst werden von der Freiheit, die du ihnen verheißen hast. Sie wollen statt dessen ein stilles, friedliches Glück, das Glück schwacher Wesen, als die sie nun einmal geschaffen sind.»

Jesus hört sich die Rede des Großinquisitors still an. Der Greis beendet seinen Monolog und wartet auf eine Antwort. Aber Jesus schweigt. Er sagt nichts. Plötzlich aber nähert er sich dem Greis und küßt ihn auf die blutlosen, alten Lippen. Das ist seine ganze Antwort. Dann geht Jesus hinaus.

43. Muß man in der Kirche sein, um Christ zu sein? Diese Frage kann man zugleich mit «Nein» und mit «Ja» beantworten. Nein, man muß nicht einer bestimmten Kirche angehören, um Christ zu sein, wenn man für sich selbst einen Zugang zum christlichen Glauben gefunden hat und sein Leben nach den Maßstäben christlicher Ethik ausrichtet. In diesem Sinne gibt es viele Menschen, die in keiner kirchlichen Mitgliederliste verzeichnet sind, aber doch christlicher sind als manche Kirchenglieder. Deshalb läßt sich die altkatholische Auffassung nicht aufrecht erhalten, wonach es «außerhalb der Kirche kein Heil» gäbe.

Andererseits muß man aber auch das Gegenteil sagen: Ja, man muß einer Gemeinschaft angehören, um Christ zu sein. Denn es widerspricht dem Glauben, wenn er eine rein individuelle Angelegenheit bleibt. Der persönliche Glaube hat – wenn er lebendig ist – von sich aus das Bedürfnis, sich mitzuteilen. Er will weitergegeben werden. Er will geteilt werden: in gemeinsamen Gesprächen, gottesdienstlichen Feiern oder im sozialen Engagement.

Deshalb markiert die Taufe den Anfang des christlichen Lebens. Mit der Taufe wird ein Mensch in die Gemeinschaft des christlichen Glaubens aufgenommen. Diese Gemeinschaft aber ist nicht deckungsgleich mit einer bestimmten Kirche. In der theologischen

66   *Über den heiligen Geist und die frühe Kirche*

Tradition gibt es die sehr wichtige Unterscheidung zwischen einer «unsichtbaren» und einer «sichtbaren» Kirche. Die unsichtbare Kirche ist die Gemeinschaft der Seelenverwandten, die wahre Kirche, zu der all die zählen, die ihren Glauben miteinander teilen. Diese unsichtbare Kirche ist ein Ideal, zugleich aber auch immer dann eine Wirklichkeit, wenn solch eine Gemeinschaftlichkeit und Einmütigkeit sich einstellt. Die unsichtbare Kirche ist keine Institution, sondern so etwas wie das innere Band, das Christen aus unterschiedlichsten Kirchen miteinander verbindet. Von ihr zu unterscheiden ist die sichtbare Kirche, die eine feste Institution ist mit Angestellten und Beamten, Kirchensteuern und Mitgliederlisten, Kirchgebäuden und Gemeindehäusern. Diese Kirche vereinigt in sich Menschen, die dem christlichen Glauben mal näher, mal ferner stehen. Früher – zu Zeiten der Staatskirche – beherbergte sie auch viele, die nur aufgrund eines äußeren Zwangs dazugehörten, dem Glauben selbst aber gleichgültig gegenüberstanden. Einer solchen sichtbaren Kirche muß man nicht angehören, um Christ zu sein.

Allerdings haben sich die Zeiten geändert. Heute gibt es wieder gute Gründe, auch einer sichtbaren Kirche – der katholischen Kirche, einer evangelischen Landeskirche oder einer Freikirche – anzugehören. Denn diese Institutionen sind – trotz all ihrer offenkundigen Mängel – fast die letzten Träger und Vermittler von religiösen Traditionen. Christlicher Glaube und christliche Werte werden kaum noch in den Familien oder in den Schulen vermittelt. Deshalb werden die sichtbaren Kirchen so wichtig, weil sie religiöse und moralische Prinzipien an die kommende Generation weitergeben und öffentlich gegenwärtig halten. Insofern sollte es sich ein Christ gut überlegen, ob er seiner Herkunftskirche den Rücken kehrt.

44. Warum gibt es Pastoren und Priester? Nach einem Ausspruch Jesu genügen zwei oder drei Menschen, um eine kirchliche Gemeinschaft zu bilden. Wo nur zwei oder drei in seinem Namen versammelt sind, da will er mitten unter ihnen sein. Daß einer von ihnen ein Pastor oder ein Priester sein muß, hat er nicht gesagt. Dennoch haben sich, schon bald nachdem das Christentum mehr als drei bzw. mehr als zwölf Jünger umfaßte, Ämter gebildet. Welche Aufgaben diese Ämter erfüllen sollen und mit welcher Macht sie ausgestattet sind, darin unterscheiden sich die Kirchen und Konfessionen.

Über den heiligen Geist und die frühe Kirche

Für das katholische Christentum ist eine Kirche ohne Priester nicht vorstellbar. Denn ein Gottesdienst kann ohne die Leitung durch einen geweihten Amtsträger nicht gefeiert werden. Anders ist es im protestantischen Christentum. Nach Luthers Grundauffassung gilt im Christentum «das Priestertum aller Gläubigen»: Jesus Christus ist der einzig wahre Priester, sein Kreuzestod beendet ein für alle Mal den antiken Opferkult mitsamt seinen Priesterkasten, von nun an braucht kein Gläubiger mehr einen priesterlichen Mittler, jeder kann unmittelbar seinen Weg zu Gott suchen und finden. Jeder Gläubige kann für sich und seine Mitchristen selbst zum Priester werden, also den Glauben wecken, gestalten und feiern. Priester im Sinne einer ausgegrenzten Personengruppe, die mit besonderen Vollmachten ausgestattet ist, gibt es hier nicht. Wohl aber gibt es Pastoren (lateinisch für «Hirten»), die den Auftrag erhalten haben, eine Gemeinde zu leiten. Sie haben eine besondere, theologische Ausbildung genossen, und sie beziehen von ihrer Kirche ein Gehalt, das es ihnen ermöglicht, sich ganz diesem Beruf zu widmen. Aber es ist nur ihre Funktion, die sie vom Rest der Gemeinde unterscheidet, nicht eine irgendwie geartete höhere Weihe. Doch es gibt im Luthertum noch einige katholische Reste, die dazu führen, daß man in den Pastoren bessere Christen sieht. Konsequenter ist da der freikirchliche Protestantismus, der zwar auch Pastoren hat, diese aber sehr klar als normale Christen betrachtet, die lediglich einem besonderen Beruf nachgehen. Das Engagement der sogenannten Laien ist in diesen Freikirchen darum viel größer.

45. Inwiefern ist es sinnvoll, daß die Kirche den Geist an bestimmte Buchstaben bindet? Die frühe Kirche hat neben dem «Amt» noch ein zweites Instrument entwickelt, um sich nach innen und außen zu konsolidieren. Um Verfälschungen abzuwehren, wurde der heilige Geist an bestimmte Buchstaben gebunden: die kanonisierten Schriften der Bibel und die Glaubensbekenntnisse. Daß dies neue Schwierigkeiten schaffen würde, ist leicht zu sehen. Raubt man dem Geist nicht sein Leben, wenn man ihn in amtliche Texte preßt? Macht man nicht Bibel und Bekenntnis zu «papierenen Päpsten»? Diese Fragen hat die Aufklärung zu Recht gestellt und für die Befreiung von der orthodoxen Buchstabengläubigkeit gestritten.

Es gibt jedoch einen Aspekt, der die Bindung der Kirche an bestimmte Texte als sinnvoll erscheinen läßt. Dieser Aspekt wird in einer welthistorischen Perspektive deutlich. Man vergleiche einmal – so wie es der Osteuropa-Historiker Gottfried Schramm in seinem Buch *Fünf Wegscheiden der Weltgeschichte* (2004) getan hat – folgende fünf epochale Aufbrüche des Geistes: die Begründung des Monotheismus durch Mose, den Beginn des Christentums bei Jesus, dessen Reformation durch Luther, die Einführung der modernen Demokratie in der amerikanischen Revolution und die bolschewistische Revolution. Die ersten vier Bewegungen haben sich sehr bald daran gemacht, verbindliche Texte zu verfassen: die Tora, das Neue Testament, die Bekenntnisschriften, die Verfassung der USA. Sie dienten der Abgrenzung nach außen und der Festigung nach innen, aber nicht nur. Sie hatten auch die Aufgabe, das ursprünglich charismatische Moment einzuhegen, einzudämmen und vor sich selbst zu schützen.

Dies war darum notwendig, weil alle diese Bewegungen – soziologisch betrachtet – Formen von charismatischer Herrschaft waren. Der große Soziologe Max Weber hat drei Arten von Herrschaft unterschieden: die traditionale Herrschaft, die auf dem Glauben an die Heiligkeit des Herkömmlichen beruht; die legale Herrschaft, die auf dem Glauben an die Legalität rational gesetzter Ordnungen beruht; die charismatische Herrschaft, die auf dem Glauben an die außeralltägliche Geistbegabung einzelner Führergestalten beruht. Diese charismatische Herrschaft ist die wichtigste revolutionäre Kraft in der Geschichte. Sie steht für Revolution, Reformation, Aufbruch und Innovation. Zugleich aber ist sie die härteste und schroffste Form von Herrschaft. Sie verlangt unbedingten Gehorsam gegenüber dem Geistträger, die vorbehaltlose Hingabe an den Propheten, Messias, Heerführer oder Massenhypnotiseur. Die charismatische Herrschaft hat keine Grenze – anders als die traditionale Herrschaft, in der sich auch die Machthaber der Tradition beugen müssen; anders als die legale Herrschaft, in der sich auch die Machthaber den Gesetzen beugen müssen.

Charismatische Herrschaft hat eine Tendenz zum Totalitären. Die totalitären Bewegungen des vergangenen Jahrhunderts waren auch Formen charismatischer Herrschaft, wie man schon an ihrem Personenkult ablesen kann. Da sie schrankenlose Herrschaft wollten, haben sie es bewußt vermieden, sich selbst an bestimmte Texte zu binden. Die Bolschewisten etwa haben zwar mehrere Verfassungen geschrieben, doch diese blieben ohne Gewicht. So behielten

Über den heiligen Geist und die frühe Kirche   69

sie völlig freie Hand und konnten die unglaublichsten innenpoliti-
schen Wendungen und die abenteuerlichsten außenpolitischen
Schwenks vollziehen. Man denke nur an den Hitler-Stalin-Pakt.

Die Kirche war gut beraten, den Geist in einen Rahmen einzubet-
ten – eben nicht zuletzt um die kirchliche Obrigkeit zu binden und
zu begrenzen. Kanonische Texte sind ein Rahmen, den auch die in
der Kirche Herrschenden nicht nach eigenem Belieben durchbre-
chen dürfen und die eine Verläßlichkeit gewährleisten, auf die sich
im Konfliktfall auch das gemeine Kirchenglied berufen kann.
Allerdings muß es möglich sein, diese alten Texte so auf die eigene
Gegenwart hin auszulegen, daß der Geist der Christentums sich frei
entfalten kann.

46. Wer war der größte Ketzer?

Die christliche Lehre hat sich
nicht gradlinig entwickelt. Sie ist das Ergebnis vieler Kämpfe und
Konflikte. Häufig entstanden Lehrbestimmungen als Reaktionen
auf Fehlentwicklungen, Irrtümer und Abirrungen. Von Beginn
an tauchten abweichende Lehren, Häresien (griechisch für «Wahl»)
auf, die das ursprüngliche Verständnis des Evangeliums zu verändern drohten. Die alten Kirchenväter haben diese Häretiker mit
großer Wut bekämpft und als Teufelsbrut verdammt. Aber sie hätten ihnen auch dankbar sein können. Denn ohne diese Irrlehrer
hätten sie selbst sich nie genötigt gesehen, das eigene Verständnis
der christlichen Wahrheit deutlich und klar zu formulieren.
Häresien waren also nicht bloß satanische Verwirrungen und
Versuchungen zum Irrglauben, sondern immer auch produktive
Provokationen, die entscheidend zur Entwicklung der christlichen
Lehre beigetragen haben.

Der bedeutendste Häretiker der Christentumsgeschichte war
Marcion. Einen «Ketzer» kann man ihn eigentlich nicht nennen.
Denn dieser Begriff kam erst lange nach seiner Zeit auf. Das Wort
«Ketzer» kommt von «Katharer» (griechisch für «die Reinen»), einer
mittelalterlichen Sekte. Diese präsentierte sich als Gegenbild zur
reichen, verweltlichten Kirche und beanspruchte für sich, das arme,
einfache Urchristentum zu erneuern. Zu Unrecht, denn die Katharer
verkündeten eine düstere, weltfeindliche Heilslehre, die man kaum
noch christlich nennen kann. Marcion dagegen war ein Christ. Aber
er vertrat ein so konsequentes Christentum, daß er darüber zum
Erzhäretiker wurde.

Über den heiligen Geist und die frühe Kirche

Marcion lebte etwa von 85 bis 160 n. Chr. Viel weiß man nicht mehr über ihn. Denn seine rechtgläubigen Gegner haben dafür gesorgt, daß es keine authentischen Quellen mehr über ihn gibt. Man ist also auf Aussagen der Kirchenväter angewiesen, und diese sind natürlich alles andere als unparteiisch. Marcion stammte aus Sinope am Schwarzen Meer und war ursprünglich ein wohlhabender Reeder und Seekaufmann gewesen. Irgendwann tauchte er in Rom auf und begann in der dortigen Gemeinde zu lehren. Er verkündete ein konsequent paulinisches Christentum. Das Gesetz des Alten Testaments sei abgetan, nur noch das Evangelium Jesu sei als gültige Offenbarung anzuerkennen. Doch Marcion ging weit über Paulus hinaus, indem er erklärte, der Gott des Alten Testaments sei überhaupt ein ganz anderer als derjenige des Neuen Testaments. Der alte Gott, der Schöpfer dieser Welt und der jüdischen Gesetze, sei ein böser Gott. Er habe eine Welt voller Übel und Schlechtigkeiten geschaffen. Gut sei allein der neue und bisher fremde Gott, den Jesus erstmals verkündet habe und der die Seelen aller, die an ihn glauben, erlösen wolle. Bei Marcion standen sich also der Schöpfergott des Alten Testaments und der Erlösergott des Neuen wie zwei Feinde gegenüber. Die wahren Anhänger Jesu sollten deshalb mit dem Schöpfergott nichts gemein haben. Sie sollten sich zu rigoroser Askese (griechisch für «Übung») verpflichten, also auf alle sinnlichen Genüsse verzichten. Die konsequenten Jünger Marcions übten sich in strengstem Fasten und in sexueller Enthaltsamkeit. Von einem wird sogar berichtet, daß er sich nur mit Hilfe des eigenen Speichels wusch, weil er Wasser – als Schöpfung des bösen Gottes – verabscheute. Im Jahr 144 wurde Marcion aus der Gemeinde ausgestoßen und begann, seine eigene Kirche aufzubauen, die sich bald im ganzen Reich ausbreitete. Sie konnte sich im Osten bis in die islamische Zeit halten.

Was Marcion für die junge Christenheit so gefährlich und so fruchtbar machte, waren zwei «Erfindungen». Zum einen stellte er einen Kanon (griechisch für «Richtschnur»), also eine genau definierte Sammlung heiliger Schriften, zusammen. Diese Gegen-Bibel zwang die junge Christenheit, ihren eigenen Kanon festzulegen. Zum anderen beließ es Marcion nicht beim Predigen, sondern er schuf eine starke Organisation. Dies zwang die junge Christenheit, ihrerseits die eigene Kirchenbildung voranzutreiben. Vor allem aber war die weltfeindliche Theologie des Marcion ein Stachel, der die

Über den heiligen Geist und die frühe Kirche   71

junge Christenheit dazu antrieb, ihr Verhältnis zum alttestamentlichen Erbe des Schöpfungsglaubens und damit zur Welt positiver
zu bestimmen. Die antike Tendenz zur Askese hatte ja auch in der
jungen Christenheit viele Anhänger – man denke nur an das etwas
später aufkommende Mönchtum. Die Irrlehre des Marcion aber
machte deutlich, daß das Alte Testament, der Schöpfungsglaube
und damit die dankbare Annahme des eigenen Lebens in dieser Welt
ganz wesentlich zum christlichen Glauben gehören.

**47. Warum hat Faust so geseufzt, als er von seinem Theologie-
studium erzählte?** Nicht jede Religion besitzt eine Theologie, d. h.
eine Wissenschaft von Gott. Natürlich gibt es in jeder Religion
Experten, Fachleute für mythologisches Wissen und kultische
Handlungen. Die archaischen Religionen haben ihre Schamanen,
die polytheistischen Religionen ihre Priester und die Gesetzesreligionen ihre Rechtsgelehrten. In jeder Religion werden Spezialisten
benötigt, welche die alten Mythen weitererzählen, die göttliche
Botschaften empfangen und auslegen, den Kultbetrieb fachgerecht
am Laufen halten und die praktische Anwendung der göttlichen
Gesetze sicherstellen. Aber nicht jede Religion benötigt akademisch
gebildete Sachverständige, die den eigenen Glauben wissenschaftlich reflektieren.

Das Christentum jedoch ist ohne eine solche Form professionel-
ler Nachdenklichkeit nicht vorstellbar. Denn das Christentum sah
sich von Beginn an genötigt, die eigene «Wahrheit» dem Wahrheits-
bewußtsein seiner Umwelt zu vermitteln. Es beschreibt keine
Sonderwahrheit, die sich in einen Sakralbereich zurückziehen könnte, sondern will das ganze Leben einer Kultur durchdringen. Zudem
beschränkt es sich nicht auf eine ausgesonderte Menschengruppe,
sondern will alle Menschen aller Länder und Völker ansprechen.
Deshalb muß es sich mit den Weltanschauungen der verschieden-
sten Epochen und Kulturen auseinandersetzen. Dafür aber braucht
das Christentum eine besondere intellektuelle Kompetenz und eine
wissenschaftlich geschulte Sprach- und Denkfähigkeit.

So brachte schon die frühe Kirche Theologen hervor. Man nennt
sie die Apologeten (griechisch-lateinisch für «Verteidiger»). Denn
diese ersten und noch recht primitiven Theologen sahen ihre Aufgabe darin, den Wahrheitsanspruch ihres Glaubens gegen die
Angriffe heidnischer Philosophen zu verteidigen. Indem sie jedoch

das Christentum verteidigten, gaben sie ihm sogleich eine andere gedankliche Gestalt. Das Christentum wurde unter ihren Händen zu einer Philosophie. Die ersten Theologen übernahmen antike Denkmuster, um mit ihnen den Kern ihres Glaubens plausibel zu machen. Sie begnügten sich also nicht damit, ihren Glauben gegen feindliche Angriffe von außen zu verteidigen, sondern sie gaben ihm allererst ein intellektuelles Gepräge. Sie gossen die verschiedenen Mythen und kultischen Erfahrungen in eine einheitliche gedankliche Form. Sie überführten die alten Erzählungen in philosophisch imprägnierte Begriffe. Sie stellten die unterschiedlichen Offenbarungen in einen Argumentationsgang ein.

Ausgehend von den Apologeten des zweiten Jahrhunderts entwickelte sich die christliche Theologie zu einer differenzierten und reichen Wissenschaft. Sie brachte in der Antike epochale Genies wie Origenes oder Augustin hervor, die wesentliche Bestandteile des antiken Erbes bewahrten, als das Römische Reich seinem Untergang entgegenschritt. Dieses Erbe wurde im Mittelalter gepflegt und weiterentwickelt. Es fand in den ersten Universitäten einen festen institutionellen Ort und in der sich entwickelnden Großkirche einen starken Auftraggeber. In den großen theologischen Gesamtdarstellungen – wie der «Summe» des Thomas von Aquin – zeigt sich, daß die christliche Religion ein mächtiger überweltlicher Glaube ist, dem zugleich eine besondere Rationalität von hohen Graden zu eigen ist.

Doch die Theologie stellte stets auch eine Gefahr dar. Indem sie den Glauben mit der griechischen und römischen Kultur vermittelte, veränderte sie ihn. Indem sie ihn übersetzte, übernahm sie Begriffe und Kategorien, die dem Evangelium fremd gewesen waren. Insofern ist die Geschichte der alten Kirche auch eine Geschichte der Hellenisierung des Christentums. Das hellenistische Denken, mit dem der neue Glaube sich verband, forderte sein Recht. Metaphysische und spekulative Fragen und Vorstellungen tauchten auf, die für Jesus und Paulus irrelevant gewesen wären. Fremde philosophische Einflüsse wie der antike Neuplatonismus oder der mittelalterliche Neuaristotelismus führten dazu, daß komplexe neue Lehren – wie die Christologie (die Lehre von Christus) oder die Trinitätslehre (die Lehre von der göttlichen Dreifaltigkeit) entwickelt wurden –, die kaum noch einen Eindruck von der Einfachheit des Evangeliums vermitteln. Hier zeigte sich ein Grundproblem, daß

Über den heiligen Geist und die frühe Kirche   73

auch in der Neuzeit virulent blieb: Wer den christlichen Glauben mit Hilfe philosophischer Gedankenformationen verständlich machen will, verändert unwillkürlich sein Wesen.

Zugleich aber stellte die Theologie die Mittel bereit, solche Wesensveränderung zu korrigieren. Die Theologie ist immer auch die Kritik von anderen Theologien gewesen. Diese Kritik kann so weit gehen, daß aus theologischen Einsichten das bisherige Glaubensverständnis und die herkömmliche kirchliche Lehre gesprengt werden. Das berühmteste Beispiel hierfür ist die Reformation. Sie war von Beginn an wesentlich mehr als nur der Protest gegen bestimmte Mißstände der mittelalterlichen Kirche, wie z. B. den Ablaßhandel. Die Reformation war eine theologische Bewegung. Ihr Grundmotiv war eine neue theologische Einsicht. Diese ging Martin Luther in einem intensiven Bibelstudium, der kritischen Lektüre von akademischen Lehrbüchern und von Klassikern wie Paulus und Augustinus auf. Und zunächst hatte Luther diese Einsicht im universitären Betrieb, in ganz normalen Vorlesungen und Disputationen ausgearbeitet und ausprobiert. Daß aus diesem Gelehrtentum aber ein epochaler Protest erwachsen konnte, zeigt die Sprengkraft der Theologie.

Dieses kritische Moment sollte später auch die evangelische Theologie sprengen. Die Aufklärung war in Deutschland kein Angriff von außen, keine Attacke kirchenfeindlicher, unfrommer Freigeister, sondern ein kritisches Vorhaben, das evangelische Theologen selbst betrieben haben. Sie sahen ihre ureigenste Aufgabe darin, den Glauben über sich selbst aufzuklären. Aus eigenem Antrieb untersuchten sie kritisch die biblischen Texte und die Geschichte der Dogmen und mußten zum Ergebnis kommen, daß viele traditionelle Lehrauffassungen sich nicht mehr halten ließen. Sie entdeckten den sagenhaften Charakter vieler biblischer Geschichten und stellten fest, daß althergebrachte Lehrmeinungen keine unmittelbaren göttlichen Wahrheiten darstellten, sondern Ausgeburten längst vergangener Zeitgeister waren.

Seither ist die Theologie vor allem im Protestantismus nicht mehr die Magd der kirchlichen Obrigkeit, sondern ein kritisches Gegenüber. Sie ist ein Stachel im Fleisch kirchlicher Selbstgewißheiten. Als ein solcher Unruheherd aber treibt die Theologie das Nachdenken des Glaubens über sich selbst hinaus und fordert es dazu heraus, sich modernen wissenschaftlichen Einsichten – in der

Über den heiligen Geist und die frühe Kirche

Geschichtsschreibung, der Philosophie, der Soziologie, der Psychologie oder den Naturwissenschaften – zu stellen. Ohne eine solche kritische Theologie würde das Christentum zum vormodernen Aberglauben degenerieren.

Das Christentum ist ohne eine akademisch geschulte Nachdenklichkeit kaum noch denkbar. Dennoch kann die Theologie den Glauben auch von sich selbst entfremden. Denn der Glaube ist zunächst und vor allem ein inneres Erleben, ein «Sinn und Geschmack für das Unendliche», wie Friedrich Schleiermacher gesagt hat. Ein solcher Sinn und Geschmack läßt sich nicht direkt und voll in Wörter, Begriffe und Kategorien fassen. Er übersteigt alle Logiken, Argumentationsketten und Beweise. Eine vollständige Theologisierung beraubt den Glauben seines inneres Lebens. In der Theologiegeschichte gibt es viele Beispiele einer abschreckenden Intellektualisierung des Christentums mitsamt den unerfreulichen Begleiterscheinungen der Rechthaberei und des Gelehrtengezänks.

Goethe läßt zu Beginn seines berühmtesten Dramas den Faust klagen:

> Habe nun, ach! Philosophie,
> Juristerei und Medizin,
> Und leider auch Theologie
> Durchaus studiert, mit heißem Bemühn.
> Da steh' ich nun, ich armer Tor,
> Und bin so klug als wie zuvor.

Faust ist frustriert von dem, was er in den klassischen Wissenschaften gelehrt und geforscht hat. Besonders enttäuscht ist er von der Theologie, die doch den Anspruch erhebt, die höchste aller Wissenschaften zu sein. Doch bietet sie ihm nur tote Formeln und spekulatives Gerede, das ihn auf seiner Suche nach Wahrheit und Lebenssinn nicht einen Schritt weiterbringt, weshalb er sich der Magie zuwendet – mit den bekannten, teuflischen Folgen.

Wie verfehlt eine Theologie ist, welche die Ehrfurcht vor ihrem Gegenstand verloren hat und meint, den Glauben in eindeutigen Begriffen, Lehrsätzen und Systemen vollständig aufzuschlüsseln, das hat der polnische Dichter Czesław Miłosz so auf den Punkt gebracht:

Das, was unser Leben und unser Innerstes am tiefsten berührt, nämlich die Vergänglichkeit des Menschen, die Krankheit, der Tod, die Armseligkeit der Überzeugungen und Gedanken, all das kann nicht in der Sprache der Theologie ausgedrückt werden, da diese seit vielen Jahrhunderten nichts anderes tut, als alle Aussagen zu einer glatten Kugel abzurunden, die sich leicht hin- und herrollen läßt, die man aber nicht fassen kann. Die Lyrik des zwanzigsten Jahrhunderts hingegen ist dort, wo sie sich mit dem Wesentlichen befaßt, nichts anderes als ein Zusammentragen von Daten über die letzten Dinge im menschlichen Dasein, und dabei hat sie ihre eigene Sprache ausgebildet, die auch von den Theologen benutzt werden könnte – oder eben nicht.

48. Wie kann man seinem Glauben treu sein, ohne ein Fundamentalist zu werden? «Fundamentalismus» ist ein sehr schillernder Begriff. Ursprünglich bezeichnet er die Bewegung der «fundamentalists», d. h. sehr strenggläubiger US-amerikanischer Protestanten. Anders als die Liberale Theologie, die versuchte, den christlichen Glauben mit der modernen Welt in ein konstruktives Verhältnis zu bringen, fordern sie eine ausschließliche Orientierung an den «Fundamenten» des Christentums, d. h. an Ursprungstexten wie der Bibel und den Bekenntnissen. Sie lehnen es strikt ab, irgendwelche intellektuellen oder kulturellen Zugeständnisse an das moderne Denken oder gegenwärtige Lebensformen zu machen. So bekämpfen sie etwa die Darwinsche Evolutionstheorie und setzen sich dafür ein, an staatlichen Schulen allein den biblischen Siebentagebericht als einzig wahre Erklärung der Weltentstehung zu lehren. Desgleichen agitieren die US-amerikanischen Fundamentalisten gegen sexuelle Freizügigkeit, Sexualkundeunterricht, Abtreibungen oder Homosexualität und setzen sich vehement für ein verbindliches Schulgebet ein.

In einem ungenauen Sinne könnte man «Fundamentalismus» als einen Oberbegriff für alle Spielarten einer solchen vormodernen Strenggläubigkeit verstehen. Doch damit hätte man das eigentliche Profil dieses Begriffs noch nicht erfaßt. Denn auch wenn der Fundamentalismus sich so anti-modern gibt, ist er doch eigentlich ein modernes Phänomen. Denn er ist der Versuch, mit modernen Methoden und mit politischen Mitteln eine vormoderne religiöse Position durchzusetzen. Es ist ein Protest gegen die Moderne, der – willentlich oder unwillentlich – selbst zur Moderne gehört. Dieser Kampf um die Moderne ist inzwischen ein weltweites Phänomen.

Fundamentalisten gibt es nicht mehr nur im christlichen Nordamerika, sondern auch im hinduistischen Indien und vor allem in
der islamischen Welt. Gerade hier zeigt sich, daß der Fundamentalismus zwar immer einen religiösen Kern hat, er aber weit mehr ist
als nur eine Glaubenssache, nämlich vor allem ein politisches Programm. Der islamistische Fundamentalismus ist ein Kampf gegen
die europäische und nordamerikanische Moderne, gegen die militä-
rische, wirtschaftliche und kulturelle Übermacht fremder Mächte.
Durch diesen antimodernistischen Kampf hat der Islam in der ara-
bischen Welt eine ganz neue Bedeutung gewonnen, die er etwa vor
dreißig Jahre schon verloren zu haben schien. Zugleich aber ist diese
Reaktion keineswegs die Wiederherstellung einer traditionellen Religion. Vielmehr hat der islamistische Fundamentalismus den alten
Islam verändert. Er hat den Islam zu einer politischen Waffe gemacht und ihm dadurch seinen inneren Reichtum und seine kulturelle Weite geraubt.

Die Kirchen hierzulande werden durch den weltweit aufflam-
menden Fundamentalismus gezwungen, ihr Verhältnis zu den eigenen Grundlagen zu klären. Das gilt vor allem für den aufgeklärten
Protestantismus, der im Vergleich zu den «harten», modernitäts-
feindlichen Religionsbewegungen als besonders «weich» erscheint.
Das bringt ihm viel politisches Wohlwollen ein, schwächt ihn aber
als Religion. Dabei ist der Protestantismus selbst insofern eine «fun-
damentale» Erscheinung, als er durch die Renaissance des Funda-
ments des Christentums, der Bibel, entstanden ist. Bibelfrömmig-
keit war über Jahrhunderte hinweg sein Markenzeichen. Wie, so wäre
der heutige Protestantismus zu fragen, müßte ein nicht-fundamen-
talistischer Bezug zum biblischen Fundament aussehen?

Eine mögliche Antwort zeigt sich, wenn man in die Reformations-
geschichte schaut. Die Bibel war vor Luther natürlich nicht unbe-
kannt gewesen. Sie war die «Heilige Schrift», sakrosankt aber in dem
Sinne, daß man sie – wie Luther sagte – «unter der banck» hielt. Die
kirchliche Obrigkeit wollte sie nicht ungeschützt dem Volk in die
Hand drücken, denn das kirchliche Auslegungsmonopol sollte ja
gewahrt bleiben. Dennoch gab es schon vor Luther wichtige Versuche, die Bibel wieder hervorzuholen, zu übersetzen und in den
allgemeinen Gebrauch zu geben. 18 solcher Vollbibelausgaben sind
bekannt. Dem Klerus waren sie nicht recht geheuer. Doch seine Versuche, die Bibel von den Laien fernzuhalten, waren wenig erfolg-

Über den heiligen Geist und die frühe Kirche 77

reich. Mit der freien Bibellektüre wuchs eine Laienfrömmigkeit heran, die sich selbstbewußt von priesterlichen Mittlerdiensten emanzipierte. Das sollte eine wichtige Voraussetzung für die Reformation werden.

Es gab also schon eine breite Bewegung hin zu einer deutschen Bibel. Luthers Leistung bestand nicht darin, als erster die Bibel unter der Kirchenbank hervorgeholt zu haben. Sie lag längst auf dem Tisch. Entscheidend war, wie er sie las und auslegte. Er unterschied sich von seinen Vorläufern dadurch, daß er sich auf die eine Heilsbotschaft von der Rechtfertigung konzentrierte, die er als Rettung seines inneren Lebens erfahren hatte. Luther las die Bibel auf diesen einen Punkt und damit ganz auf sich selbst hin. Diese evangelische Dringlichkeit wird in den Wörtern deutlich, mit denen er seine Lektüren umschrieb. Er las die Bibel nicht bloß, er «pochte» und «klopfte» bei ihr an, ja er «bestürmte» sie. Hier zeigt sich eine bedingungslose Hingabe, die zugleich zu einer ganz unerhörten Bibelkritik führen konnte. Denn heilig war die Bibel für Luther nicht an und für sich, sondern insofern sie «Christum treibet» und Glauben weckt. Diejenigen biblischen Bücher, die sich diesem Evangelium von der Rechtfertigung nicht einfügen ließen – wie etwa der Jakobusbrief oder weite Teile des Alten Testaments –, unterzog Luther zum Entsetzen mancher Weggenossen einer kompromißlosen Kritik. Das Fundament des Christentums, die Bibel, ist selten persönlicher, radikaler zugespitzt, einseitiger und zugleich kritischer angeeignet worden.

Luther ging es darum, sich die biblische Botschaft subjektiv anzueignen, was aber nicht heißt, daß er die Bibel auf seine zufälligen, persönlichen Bedürfnisse zurechtgestutzt hätte. Auch die subjektiv angeeignete Bibel blieb für ihn ein Grenzbuch. Sie war nicht nur das Fundament, auf dem er stand, sondern auch der Horizont, in dem er lebte und den er nie ganz abschreiten konnte. Sie war die Quelle, aus der er schöpfte, ohne sie je in ihrer Tiefe und Fülle auszumessen. Dies belegt seine letzte Lebensäußerung. Im Sterbebett schrieb er einen berühmten letzten Zettel. Die letzten Sätze lauten:

Die Heilige Schrift glaube niemand genug geschmeckt zu haben, wenn er nicht 100 Jahre mit den Propheten die Gemeinden geleitet hat. Wir sind Bettler. Das ist wahr.

Wenn also aufgeklärte Christen ihrem Glauben treu bleiben wollen, ohne in den Fundamentalismus abzugleiten, dann müssen sie sich die biblische Kernbotschaft subjektiv aneignen. «Subjektive Aneignung» meint nicht die Preisgabe des Fundamentalen an zufällige Geschmacksvorlieben oder kurzlebige Zeitgeister, sondern die existentielle Hingabe an das religiöse Fundament selbst. Dieses bedarf – so angeeignet – dann keiner kirchenrechtlichen Abstützung mehr und entzieht sich jeder politischen Funktionalisierung. Eine solche Bibeltreue stellt das gerade Gegenteil zu fundamentalistischen Bibel- oder Koranlektüren dar. Für sie ist das religiöse Textfundament kein «papierener Papst» oder Prophet, kein klerikales Folterinstrument, keine politische Waffe, sondern das Grund- und Grenzbuch des eigenen Lebens.

49. Was ist der Unterschied zwischen einer Kirche und einer Sekte? Wer hierzulande vom Christentum spricht, denkt dabei meist unwillkürlich an die Kirche. Doch das ist falsch. Denn es gibt sehr unterschiedliche Formen, in denen Christen sich zu Gemeinschaften und Institutionen zusammengeschlossen haben. Der Soziologe Max Weber hat zwei Grundformen unterschieden: die Kirche und die Sekte. Dabei hat er den Begriff «Sekte» ganz wertfrei gebraucht. Er hätte auch «Freikirche» sagen können.

Die Kirche ist die große Heilsanstalt, die den Schatz der Erlösung in ihren Mauern verwahrt und an die ihr angehörigen Gläubigen austeilt. Sie verfügt über einen ausgegrenzten Stand von Kultbeamten und eine mit großer Macht ausgestattete Hierarchie (griechisch für «heilige Herrschaft»). Sie ist in der Lage, ganze Kulturen und Nationen in sich zu vereinigen. Unter ihren Gliedern gibt es folglich auch viele Menschen, die kein bewußtes Glaubensleben pflegen, sondern nur aus Tradition oder sozialem Zwang dazugehören. Die Kirche sucht die Nähe des Staates. Sie zögert nicht, staatliche Gewalt für die eigenen Interessen einzusetzen, und ist dafür bereit, erhebliche Kompromisse mit der Politik zu schließen.

Die Sekte dagegen ist die freie Vereinigung strenger und bewußter Christen. Sie dringt auf eine persönliche Entscheidung, weshalb sie nur sehr selten größere Bevölkerungskreise für sich gewinnen kann. Sie kommt ohne Priester, Bischöfe und Päpste aus. Da sie kleiner ist, kann sie auch konsequenter – man könnte auch sagen: radikaler – sein. Sekten neigen dazu, sich von der «Welt» abzugrenzen

Über den heiligen Geist und die frühe Kirche   79

und in ein abgegrenztes Sondermilieu zurückzuziehen. Zum Staat hält die Sekte Abstand. Sie schließt keine Kompromisse. Viele Sekten sind z.B. strikt pazifistisch und lehnen den Kriegsdienst unbedingt ab. Läßt der Staat ihnen ihre Freiheit, sind sie meist politisch nicht aktiv. Werden sie aber bedrängt, dann leisten sie mutig Widerstand. Da die Sekten auf eine lange Zeit leidvoller Verfolgung zurückblicken, fordern sie Religions- und Vereinsfreiheit. Nach innen aber sind sie alles andere als tolerant, sondern pflegen einen erheblichen Gruppenzwang.

Der Theologe, Philosoph und Religionssoziologe Ernst Troeltsch, ein Freund von Max Weber, hat versucht, die Unterscheidung von Kirche und Sekte um eine dritte Form christlicher Vergemeinschaftung zu erweitern. Er gab ihr – in Ermangelung eines besseren Begriffs – den Namen «Mystik». Damit wollte er eine Erscheinung berücksichtigen, welche die ganze lange Geschichte des Christentums durchzieht, aber besonders in der Moderne eine große Bedeutung erlangt hat. Die «Mystik» ist der freie Zusammenschluß von Seelenverwandten. Von der Sekte unterscheidet sie sich dadurch, daß sie eine sehr flüssige Gruppe ist, ohne dauerhafte Mitgliedschaften und ohne scharfe Abgrenzungen nach außen. Denn das Wesentliche ist für sie die Verinnerlichung des Glaubens. Die Mystik lebt in Freundeskreisen, Bünden und offenen Szenen. Darin ähnelt sie der heutigen Esoterik. Die Mystik konzentriert sich auf die Pflege der religiösen Innerlichkeit. Politisch ist sie meist uninteressiert, doch kulturell entfaltet sie häufig eine große Wirkung. Wenn Künstler religiös musikalisch sind, verstehen sie sich meist als Mystiker.

Die Kirche ist ein unentbehrlicher Stabilitätsfaktor. Ohne die Kirche hätte sich das Christentum längst aufgelöst. Doch die wichtigsten Impulse für eine moderne Christlichkeit kamen von den Sekten und der Mystik. Sie brachten die Gedanken von Freiheit, Toleranz und persönlicher Frömmigkeit zur Geltung. Deshalb wollte Troeltsch eine Kirche konzipieren, welche die Vorteile aller drei Gemeinschaftsformen in sich vereinigte: eine «elastisch gemachte Volkskirche», die groß und stabil ist, zugleich aber den Spielraum für ein freies modernes Glaubensleben bietet.

50. Warum sind aus der Urgemeinde so viele unterschiedliche Kirchen hervorgegangen? Es hat von Beginn an nicht nur ein ein-

ziges Christentum, sondern eine Reihe von Christentümern gegeben. Das Bild Jesu ließ sich nicht allein in einem Evangelium festhalten, sondern es brauchte vier Evangelien, die voneinander deutlich abwichen. Zwischen den drei großen Figuren der Entstehungszeit – Jesus, Petrus und Paulus – lassen sich markante Unterschiede
ausmachen. Auch gab es keine einheitliche Form der Vergemeinschaftung, sondern kirchliche, sektenartige und mystische Gemeinschaften entstanden parallel und in Konkurrenz zueinander.
Schließlich verband sich das Christentum mit verschiedenen
Schichten und Kulturen. Je nach jüdischer, griechischer, römischer,
germanischer oder orientalischer Umwelt veränderte sich auch die
Art, den christlichen Glauben zu leben und zu feiern. Aus diesen
theologischen, religionssoziologischen und soziokulturellen Gründen ging aus dem ersten Jüngerkern eine Fülle unterschiedlicher
Kirchen und Gemeinschaften hervor.

Es ist verfehlt, in diesem Zusammenhang von «Spaltungen» zu
reden. Das würde voraussetzen, daß es so etwas wie eine ursprüngliche Einheit gegeben hätte. Doch das wäre eine unhistorische
Fiktion. Es ist schlicht eine geschichtliche Selbstverständlichkeit,
daß eine so komplexe Religion mit solch weitreichenden Wirkungen wie das Christentum sich nicht in einer Gestaltung erschöpfen
konnte. Außerdem ist in der Rede von der «Kirchenspaltung» ein
problematisches Werturteil enthalten. Sie setzt voraus, daß Uni-
formität und institutionelle Geschlossenheit einen Wert an sich darstellen, während Vielfalt und Unterschiedlichkeit etwas Schlechtes
wären. Sinnvoller ist es, die Pluralität der Kirchen und Gemeinschaften als einen Ausdruck für den inneren Reichtum und die
ungeheure Möglichkeitsfülle des Christentums zu würdigen.

**51. Warum ist die Einheit der Kirchen kein erstrebenswertes
Ziel?** Über Jahrhunderte hinweg war das christliche Europa von
furchtbaren Religionskriegen gezeichnet. Besonders Deutschland
hat unter der Feindschaft zwischen Katholiken und Protestanten
schrecklich leiden müssen. Der Dreißigjährige Krieg, der von 1618
bis 1648 zwischen beiden Konfessionen tobte, war eine Katastrophe,
die dem Zweiten Weltkrieg kaum nachsteht. Aus dieser Leidensgeschichte erwuchs im achtzehnten Jahrhundert der Wunsch, die
christlichen Konfessionen miteinander zu versöhnen. Politischen
Frieden konnte es nur geben, wenn die Kirchen Frieden hielten. Es

Über den heiligen Geist und die frühe Kirche   81

waren zunächst vernünftige Aufklärer und fromme Pietisten, die ein Christentum entwarfen, das die alten konfessionellen Gräben überwinden sowie eine höhere Moralität und einen freieren Glauben befördern sollte. Doch die Mehrheit der Kirchenführer beharrte auf dem Anspruch, allein das einzige wahre Christentum zu vertreten.

Erst zu Beginn des zwanzigsten Jahrhunderts entstand eine breite ökumenische Bewegung. «Ökumene» ist das griechische Wort für «bewohnter Erdkreis». Die ökumenische Bewegung ist ein Zusammenschluß von Christen aus allen Kirchen aller Länder, die sich um ein besseres Verständnis und eine engere Zusammenarbeit bemühen. Zum Durchbruch gelangte die ökumenische Bewegung aber erst nach dem Zweiten Weltkrieg. Vom Trauma des Krieges und der totalitären Diktaturen gezeichnet, suchten nun viele Kirchenglieder und -führer nach einem gemeinsamen christlichen Neubeginn. Zudem hatten Krieg und Vertreibung die vormals in sich geschlossenen katholischen oder evangelischen Wohngebiete und Milieus aufgebrochen und Christen verschiedener Konfessionen miteinander vermischt. Neue Nachbarschaften und viele Mischehen führten dazu, daß Ökumene eine alltägliche Angelegenheit wurde.

Die ökumenische Bewegung ist eine Erfolgsgeschichte. Sie hat den innerchristlichen Frieden gefördert. Sie hat ein gemeinsames politisches und soziales Engagement der Kirchen ermöglicht. Sie hat die Konfessionen aus ihrer Selbstgenügsamkeit und Selbstzufriedenheit gerissen und ihnen die Augen für die Schönheit und Größe ihrer ehemaligen Konkurrentinnen geöffnet.

Doch dieser Erfolg ist auch der Grund für die gegenwärtige Krise der ökumenischen Bewegung. Nachdem sie so viel erreicht hat, fällt es ihr schwer, ein weiterführendes Ziel zu benennen. Für die katholische Kirche kann das nur die institutionelle Einheit sein. Für sie kann der Sinn der Ökumene nur darin liegen, all diejenigen wieder zurückgewinnen, die sich von ihr einst «abgespalten» haben. Doch solch eine «Rückkehr-Ökumene» verkennt, daß zwischen den christlichen Konfessionen – ganz ohne bösen Willen – wesentliche Unterschiede bestehen, die sich durch ökumenische Konferenzen und Konsenserklärungen nicht aus der Welt schaffen lassen. Eine «Rückkehr-Ökumene» ist weder ein realistisches noch ein wünschenswertes Ziel. Am besten wäre es darum, wenn die Ökumene sich vom Begriff der «Einheit» verabschieden würde. Ein sinnvolleres

82 *Über den heiligen Geist und die frühe Kirche*

Ziel wäre es, wenn alle Konfessionen und Kirchen einander als unterschiedliche, aber vollgültige Gestalten des Christentums anerkennen würden. Der aufgeklärte Protestantismus ist dazu inzwischen in der Lage. Er hat ein halbes Jahrtausend dafür gebraucht. Die katholische Kirche, besonders aber die orthodoxen Kirchen des Ostens sind davon jedoch noch weit entfernt.

Über Katholizismus und Protestantismus

52. Was unterscheidet die Kirchen des Westens und des Ostens? Die erste und wichtigste Unterscheidung innerhalb des Christentums ist diejenige zwischen den Kirchen des westlichen und denen des östlichen Europas bzw. des Nahen Ostens. Beide verbindet ein gemeinsamer Ursprung im Römischen Reich. Doch das Römische Reich war in sich keineswegs einheitlich. Zwischen der hellenistischen Kultur im Osten und dem lateinischen Westen gab es eine Fülle von Unterschieden. So wiesen das oströmische und das weströmische Christentum schon früh erhebliche Differenzen in ihrer Frömmigkeit, ihren Gottesdiensten, Theologien und Festkalendern auf. Dabei war der Osten dem halbbarbarischen Westen kulturell weit überlegen. Auch konnte sich Ostrom länger die politische Selbständigkeit bewahren. Westrom fiel schon im fünften Jahrhundert der germanischen Völkerwanderung zum Opfer. Ostrom dagegen hielt sich – in seinen Resten – bis zum Jahr 1453, als die Türken Konstantinopel eroberten.

Doch die kirchlichen Kräfteverhältnisse sollten sich im Laufe der Zeit umkehren. Die Ostkirche besaß eine geringere Geschlossenheit. Die Metropoliten von Konstantinopel und Alexandria, aber auch von Antiochia konkurrierten um die Vormacht, während es der Bischof von Rom sehr viel leichter hatte, seine kirchliche Herrschaft im Westen durchzusetzen. Die Ostkirche war folglich sehr viel stärker von inneren theologischen Konflikten – etwa um die Lehre über Christus oder um die Verehrung von Bildern – gezeichnet. Schließlich wurde die Ostkirche das Opfer der islamischen Expansion. Auch kulturell geriet man je länger je mehr ins Hintertreffen. Zwar pflegte man über die Jahrhunderte hinweg das antike Erbe, aber man verlor den Anschluß an moderne Denkbewegungen und war schließlich in der eigenen, herrlichen Vergangenheit gefangen.

Im Jahr 1054 kam es zum endgültigen Bruch zwischen Rom und Konstantinopel. Dieses «Schisma» (griechisch-lateinisch für «Kirchenspaltung») wurde blutig besiegelt, als im vierten Kreuzzug (1202–1204) abendländische Ritter Konstantinopel – an Stelle von Jerusalem – eroberten, ausplünderten und verwüsteten.

Zwischen den Kirchen des Westens und des Ostens gibt es eine Reihe von theologischen und spirituellen Unterschieden. Fast noch wichtiger aber ist ihre unterschiedliche Stellung zum Staat. Als im Westen die staatliche Gewalt unterging, blieb die Kirche unter der Führung des Papstes bestehen und etablierte sich als «Staat im Staat». Fortan war die abendländische Kirchengeschichte von einer dauerhaften Spannung zwischen geistlicher und weltlicher Macht geprägt. Im Osten dagegen, wo sich noch lange Reste des alten Imperiums hielten, mußte sich die Kirche der staatlichen Macht unterordnen. Sie gewann hier nur selten eine Position, von der aus sie eine kritische Distanz zur staatlichen Macht hätte aufbauen können. Das Christentum in den orthodoxen Kirchen Griechenlands, des Balkans und Rußlands hat sich als Staats- und Volksreligion verstanden – bis in die Gegenwart hinein. Man kann dies besonders am heutigen Rußland beobachten. Nach dem Ende der kommunistischen Diktatur und der von ihr befohlenen, brutalen Unterdrückung der orthodoxen Kirche versucht diese, ihre alte Stellung als Staatsreligion wiederherzustellen. So reklamiert sie das russische Territorium als «kanonisches Gebiet» für sich. Wütend und nicht immer mit feinen Mitteln bekämpft sie andere Konfessionen, die hier Fuß zu fassen suchen, besonders die katholische Kirche und nordamerikanische Missionsgruppen. Der Gedanke, sich auf einem freien religiösen Markt allein durch die Qualität ihrer kirchlichen Arbeit behaupten zu müssen, scheint ihr noch fremd zu sein.

53. Warum ist der Papst nicht nur Oberhaupt einer Kirche, sondern auch eines Staates? Der Papst ist – wenn man seine wichtigsten Titel zusammenzählt – der Bischof von Rom, der Stellvertreter Jesu Christi, der Nachfolger des Apostelfürsten, das Oberhaupt der allgemeinen Kirche, der Patriarch des Abendlandes, der Primas von Italien, der Erzbischof und Metropolit der Kirchenprovinz Rom und schließlich der Souverän des Staates der Vatikanstadt. Er ist ein Kirchenoberhaupt, aber nicht nur. Denn er ist ein geistlicher und ein weltlicher Herrscher. Gerade in dieser Doppelung zeigt sich, daß das Papsttum kein Erbstück des Urchristentums und schon gar nicht des Evangeliums ist, sondern eine spätantike Mischung aus römischen und katholischen Elementen darstellt. Das Papsttum ist ein Produkt des antiken Roms auf dem Boden der katholischen Kirche. Die frühe christliche Kirche hatte sich eine episkopale Ordnung gegeben, d. h. die Bischöfe repräsentierten gemeinsam das Christentum und versuchten, im Konsens miteinander Streitfragen zu klären. Der Papst war dabei ein Bischof neben anderen, auch wenn er wegen der Bedeutung seiner Stadt und ihrer Traditionen eine gewichtige Rolle spielte. Aber noch in der Zeit des Kaisers Konstantin, also im vierten Jahrhundert, kannte man kein römisches Primat, also keine Vormachtstellung des Papstes gegenüber seinen Mitbischöfen.

Doch in der ausgehenden Antike wuchs dem Papst eine größere Bedeutung und Autorität zu. Denn gerade Rom hatte sich häufig als Hüterin der Rechtgläubigkeit erwiesen. Zudem brauchte die Kirche – vor allem seit sie Staatsreligion geworden war – einen Gegenspieler zum Kaiser. Als nun die Kaiser ihre Residenz nach Byzanz verlegten, wurde der kirchliche Herrscher Westroms zur bedeutendsten religiösen und politischen Figur im Abendland. Dies wurde durch den Untergang des weströmischen Reiches noch gesteigert. Denn als die staatlichen Strukturen zerbrachen, blickte man zur Kirche und ihrem römischen Anführer empor als dem letzten Vertreter römischer Größe und antiker Kultur.

Im Amt des Papstes ließ sich Religiöses und Politisches kaum noch unterscheiden. Im beginnenden Mittelalter wurde sein politisches Gewicht durch die Entstehung eines eigenen Staates vermehrt. Nicht zuletzt um die Kirche und ihre heiligen Stätten in Rom zu schützen, entriß der Frankenkönig Pippin 756 den Langobarden wichtige römische Gebiete und schenkte sie dem Papst. Der Kirchenstaat war geboren. Er sollte eine sehr wechselhafte Geschichte erleben. Er wurde vergrößert und verkleinert, wiederholt erobert und dem Papst genommen, ihm schließlich aber wieder zurückgegeben.

Seine heutige Ausdehnung und Rechtsform erhielt der Kirchenstaat durch die Lateranverträge, welche die Kirche 1929 mit dem faschistischen Italien unter Mussolini abgeschlossen hatte. Er

Über Katholizismus und Protestantismus 85

umfaßt etwa 44 Hektar rechts des Tibers und besteht im wesentlichen aus dem Palast des Vatikans mit seinen Museen und Gärten sowie der Peterskirche. Vergleicht man den Kirchenstaat mit seiner früheren Bedeutung erscheint er wie ein kirchliches «Lummerland». Es ist der kleinste Staat der Welt, der aber seine eigenen Briefmarken und Münzen herausgibt, mit der Schweizergarde seine eigenen Streitkräfte unterhält sowie über einen eigenen Rundfunk verfügt. Ein anrührend-faszinierender Rest des Römischen Reiches.

In der Neuzeit kam es also zu einer stetigen politischen Entmachtung des Kirchenstaats. Parallel hierzu aber nahm die religiöse Vollmacht des Papstes zu. Sein Primat wurde in der Moderne immer deutlicher herausgestellt und durchgesetzt. Den vorläufigen Höhepunkt erreichte diese Entwicklung im I. Vatikanischen Konzil (1869–1870). Hier wurde das Dogma von der Unfehlbarkeit des Papstes festgesetzt. Danach ist der Papst befähigt, unwiderrufliche und absolut wahre Glaubens- und Sittenlehren – «ex cathedra» (lateinisch für «von seinem Lehrstuhl aus») – zu verkünden. Bisher jedoch waren die meisten Päpste so weise, sehr sparsam mit solchen Lehraussagen «ex cathedra» zu sein. Allein Papst Pius XII. stellte 1950 ein neues Dogma auf, als er die spätantike Legende, Maria sei leiblich in den Himmel aufgefahren, zur unbedingten Glaubenswahrheit erklärte.

Eine weitere, sehr moderne Aufwertung hat das päpstliche Amt durch seinen vorletzten Inhaber Johannes Paul II. erfahren. Mit seinem persönlichen Charisma und seiner virtuosen Fernsehpräsenz ist es ihm gelungen, die suggestiven Methoden der Gegenreformation – Massenversammlungen und theatralische Großgottesdienste – für die moderne Mediengesellschaft neu zu erfinden. Mit ungezählten, spektakulären Events und eindringlichen Globalpredigten – sowie am Ende durch sein öffentliches Leiden und Sterben – wurde er zu einem großen televisionären Menschenfischer und zum universalen Repräsentanten bestimmter christlicher Moralvorstellungen. Als moderner Medienstar wurde er zu einer Ikone des Christentums.

54. Was hat der Protestantismus mit Protest zu tun? Die Reformation ist keine Protestbewegung in dem Sinne gewesen, daß ihr Grundmotiv der Protest gegen einzelne kirchliche Mißstände gewesen wäre. Ihr Ursprung lag in einer theologischen Einsicht.

Martin Luther (1483–1546) war als Mönch an sich selbst verzweifelt. Er hatte erkennen müssen, daß er seinen eigenen religiösen und
moralischen Maßstäben nicht genügen konnte. Er sah in sich einen
unrettbaren Sünder. In Gott sah er einen zornigen Richter, der ihn
unerbittlich, aber zu Recht strafen würde. Dann jedoch gewann
Luther in seinen Bibelstudien ein neues Verständnis des Begriffs
der «göttlichen Gerechtigkeit». Danach ist die «Gerechtigkeit» nicht
das Maß, an dem Gott die Menschen mißt, um sie zu verurteilen
und zu bestrafen, sondern die Fülle der Gnade, mit der Gott die
Menschen beschenken will. Wenn der Mensch erkennt, daß Gott
ihn aus freien Stücken erlösen will, und wenn er auf alle eigenen
Werke verzichtet, hat die göttliche «Gerechtigkeit» sich eingestellt.
Dieser neue Glaube an einen barmherzigen und liebenden Gott ist
das Heil selbst.

Von dieser theologischen Grundeinsicht her hat Luther dann in
einem zweiten Schritt Kritik an der Kirche seiner Zeit geübt.
Besonders der Ablaßhandel war ihm ein Dorn im Auge. Denn mit
dem Erwerb eines Ablaßbriefes konnten sich Menschen das Heil
durch eigene «Werke» erarbeiten, indem sie sich nämlich durch
Geldspenden von ihren Sündenstrafen freikauften. Die Reformation
war aber mehr als nur der Protest gegen ein besonders obszönes
Instrument päpstlicher Finanzpolitik, sondern mit ihr bildete sich
neues, anderes Verständnis des Christentums heraus.

Worin diese neue Bestimmung des Wesens des Christentums
besteht, läßt sich theologisch nicht einfach beschreiben. Luther und
seine Schüler haben es mit der Lehre von der Rechtfertigung «allein
aus Glauben» versucht. Doch die lutherische Rechtfertigungslehre
läßt sich kaum noch für moderne Christen verständlich darlegen.
Zudem werden viele ihrer Grundaussagen heute auch von Katholiken geteilt. Das eigene Profil des Protestantismus zeigt sich deshalb weniger in einer neuen dogmatischen Erlösungslehre als in
einem neuen Glaubens- und Kirchenbegriff. Im Glauben steht jeder
Christ unmittelbar vor Gott. Er braucht keine Vermittlung mehr,
weder durch besondere Sakramente noch durch eine besondere
Kaste von Priestern. Der Glaube ist wie ein inneres Ohr, mit dem die
Seele selbst Gottes Stimme hören kann. Dieser Glaube läßt sich
nicht vertreten oder delegieren. Jeder muß für sich selbst glauben.
Zu diesem inneren Ohr gehört eine innere Stimme, die einen zum
Tun des Guten verpflichtet, das Gewissen. Das Gewissen läßt sich –

Über Katholizismus und Protestantismus

ebensowenig wie der Glaube – nicht an andere Instanzen abtreten, sondern jeder Mensch muß auf die Stimme seines Gewissen selbst hören und ihr aus eigener Verantwortung folgen.

Dieses neue Verständnis von Glaube und Gewissen hat Martin Luther bei seinem berühmten Auftritt auf dem Reichstag zu Worms (1521) vertreten. Der unbekannte Mönch aus der deutschen Provinz war vor die höchsten weltlichen und geistlichen Autoritäten seiner Zeit geführt worden. Diese hatten ihn aufgefordert, seine neue Lehre zu widerrufen. Doch Luther hatte darauf bestanden, daß er nicht gegen seinen Glauben und sein Gewissen handeln könnte.

Schnell hatte sich eine ganze Reihe von deutschen Fürsten und Städten der Reformation angeschlossen. Doch ihre Lage war gefährlich. Sie spitzte sich auf dem Reichstag zu Speyer (1529) zu. Der altgläubige Kaiser hatte angedroht, gegen sie als Ketzer vorzugehen. Da verfaßten die Vertreter der Reformation – sechs Fürsten und 14 oberdeutschen Städte – eine «Protestation», einen juristischen Einspruch. Deswegen erhielten die Anhänger der Reformation den Namen «Protestanten». Sie beriefen sich gegen alle höheren Autoritäten auf ihr Gewissen und verweigerten ihrer Obrigkeit den Gehorsam. Auch wenn sich also der Name «Protestant» einem herkömmlichen Rechtsakt verdankt, zeigt sich in ihm ein neues Christentumsverständnis, nach welchem der Protest gegen Autoritäten legitim ist. Das christliche Erbe wird nicht in einem kontinuierlichen Fluß weitergetragen, sondern es muß sich manchmal ganz neu bilden. Das Christentum ist keine in sich geschlossene, einheitliche Größe, sondern weist Brüche und Risse auf. Und dies ist sinnvoll, denn nur so kann sich das Gewissen des einzelnen frei entfalten. Der Protestantismus war keine kirchliche oder gar politische Protestbewegung. Aber mit seiner Betonung der Gewissens gehört er in den Anfang neuzeitlicher Freiheitsliebe hinein. Zwar war besonders der deutsche Protestantismus durch die Jahrhunderte hindurch politisch eher konservativ und obrigkeitshörig, aber in seinem Gewissensbegriff bewahrte er einen unverzichtbaren Freiheitsfunken auf.

Sehr anschaulich wird dies in dem Kinofilm über Sophie Scholl von Fred Breinersdorfer und Marc Rothemund (2005). Dieser Film basiert auf neu aufgefundenen Protokollen der Verhöre, die Sophie Scholl erdulden mußte. Sophie Scholl hatte gemeinsam mit ihrem

Bruder Hans Flugblätter gegen Hitler und seinen Krieg an der Münchner Universität verteilt. Sie war von einem Hausmeister entdeckt und sogleich verhaftet worden. Der Kriminalobersekretär der Gestapoleitstelle, Robert Mohr, führte mit ihr lange, quälende Verhöre. Zunächst versuchte Sophie Scholl, alles ableugnen. Doch schließlich konnte Mohr sie überführen. Sie gestand. Dann kam es zu folgendem Wortwechsel:

Mohr: Es geht Ihnen doch auch um das Wohl des Deutschen Volkes, Fräulein Scholl?
Sophie: Ja.
Mohr: Sie haben nicht feige eine Bombe gegen den Führer gelegt, wie dieser Elser im Bürgerbräukeller. Sie haben zwar mit falschen Parolen, aber mit friedlichen Mitteln gekämpft.
Sophie: Warum wollen Sie uns denn dann überhaupt bestrafen?
Mohr: Weil das Gesetz es so vorschreibt! Ohne Gesetz keine Ordnung.
Sophie: Das Gesetz, auf das Sie sich berufen, hat vor der Machtergreifung 1933 noch die Freiheit des Wortes geschützt und heute bestraft es unter Hitler das freie Wort mit Zuchthaus oder dem Tod. Was hat das mit Ordnung zu tun?
Mohr: Woran soll man sich denn sonst halten, als an das Gesetz, egal, wer es erläßt?
Sophie: An Ihr Gewissen.
Mohr: Ach was! Hier ist das Gesetz und hier sind die Menschen. Und ich habe als Kriminalist die Pflicht zu prüfen, ob beide deckungsgleich sind, und wenn das nicht der Fall ist, wo die faule Stelle ist.
Sophie: Das Gesetz ändert sich. Das Gewissen nicht.
...
Mohr: Sie sind doch Protestantin?
Sophie: Ja.
Mohr: Die Kirche fordert doch auch, daß die Gläubigen ihr folgen, selbst wenn sie Zweifel haben?
Sophie: In der Kirche ist jeder freiwillig.

55. Warum sind Katholiken zu evangelischen Abendmahlfeiern eingeladen, umgekehrt aber nicht? In Deutschland haben sich die alten Unterschiede und Frontlinien zwischen Katholizismus und Protestantismus abgeschliffen. Vorbei sind die alten, schlechten Zeiten, als Protestanten noch meinten, der Papst sei der Antichrist, und Katholiken glaubten, Martin Luther habe seine Reformation nur angezettelt, um sich endlich eine Frau nehmen zu können. Die

Über Katholizismus und Protestantismus 89

ökumenische Bewegung hat erheblich dazu beigetragen, daß Angehörige beider Konfessionen gegenwärtig mehr das Verbindende als das Trennende sehen. Daß es aber trotz allem Verständigungswillen immer noch gravierende Unterschiede gibt, wird beim Abendmahl sichtbar. Zu evangelischen Abendmahlsfeiern sind ganz selbstverständlich auch katholische Glaubensgeschwister eingeladen, jedoch bleibt Protestanten die Teilnahme an einer katholischen Eucharistie (griechisch-lateinisch für «Danksagung», Synonym für Abendmahlsfeier) verwehrt. Manche Priester nehmen es nicht so genau, doch sie verstoßen damit gegen die offizielle katholische Auffassung. Danach setzt die rituelle Tischgemeinschaft eine kirchliche Gemeinschaft voraus, also die Übereinstimmung darüber, was eine Kirche ihrem Wesen nach ist. Hier ist für die katholische Seite unverzichtbar, daß es eine aus der Schar der Glaubenden hervorgehobene Priesterschaft gibt. Die evangelischen Landeskirchen sind für sie keine «Kirchen» im Vollsinne, sondern bloß kirchenähnliche Gemeinschaften. Da ist es durchaus folgerichtig, evangelische Christen von der katholischen Eucharistiefeier auszuschließen.

Doch diese Trennung ist nur noch für die jeweiligen «Kerngemeinden» von Belang. Gesellschaftlich und kulturell spielt der konfessionelle Unterschied keine große Rolle mehr. Dazu haben neben der Ökumene auch nicht-religiöse Gründe beigetragen. Kriege, Vertreibungen und wirtschaftlich begründete Wanderungen haben die in sich geschlossenen konfessionellen Milieus aufgebrochen. Die vormals strikt getrennt lebenden katholischen und protestantischen Bevölkerungsteile wohnen nun schon seit einigen Jahrzehnten problemlos neben- und durcheinander. So sind die konfessionellen Mischehen, die vor einer Generation noch mit großen, familiären Schwierigkeiten verbunden waren, längst eine Normalität. Überhaupt hat mit der Kirchenbindung auch die Prägekraft der Konfessionen abgenommen. Noch in den frühen siebziger Jahren meinten Religionssoziologen, Angehörige beider Kirchen nach ihrem Zigarettenkonsum eindeutig unterscheiden zu können: Die weltoffenen Protestanten würden Marken wie «Lord extra» oder «Peter Stuyvesant» bevorzugen, weil diese den «Duft der weiten Welt» verströmten, während die konservativeren Katholiken eher heimattreue Marken wie «Overstolz» oder «Ernte 23» kaufen würden. Auch wenn dies – zumindest in den großen Städten –

inzwischen der Vergangenheit angehört, haben sich einige Klischees erhalten, die mit der einen oder der anderen Konfession eine bestimmte Mentalität oder «Haltung» verbinden: Hier die Protestanten mit ihrer Nüchternheit und Gewissenhaftigkeit sowie den karg-modernen Betonkirchen – dort die Katholiken mit ihrer Glaubensstrenge und Ausgelassenheit sowie den traditionell-verspielten Barockkirchen. Auch wenn viele solcher Klischees ihren Anhalt an der Wirklichkeit verloren haben, sind sie weiterhin im Schwange. Daran zeigt sich, welche Tiefen- und Fernwirkung religiöse Bindungen zeitigen können.

P. S.: Vgl. Frage 73.

56. Warum verehren Protestanten weder Maria noch die Heiligen – im Unterschied zu vielen anderen Konfessionen? Die Heiligen- und Marienverehrung hat eine lange Geschichte. Schon früh hatten die antiken Christen damit begonnen, ihrer Märtyrer kultisch zu gedenken. Als die Zeit der großen Verfolgungen vorüber war, gesellten sich weitere Heiligenfiguren zu den Glaubenszeugen. Zumeist waren es wundertätige Mönche und Bischöfe. Seit dem vierten Jahrhundert erfuhr Maria als «Gottesmutter» und Verkörperung des spätantiken Ideals der Jungfräulichkeit eine besondere Aufwertung. Es entwickelte sich – vor allem im Mittelalter – ein «niederer Kultus», der nicht selten den «höheren Kultus» um Gott und Jesus Christus in den Schatten stellte. Je ferner und abstrakter die eigentliche Gottheit erschien und je mehr Jesus Christus als strafender Richter gesehen wurde, um so dringlicher war das Bedürfnis nach menschennahen Mittlerwesen. Die religiöse Phantasie der Volksfrömmigkeit entzündete sich leichter an ihnen als an den eigentlichen Objekten der Verehrung. Da dem männlich geprägten Gottesbild vor allem der Aspekt der Mütterlichkeit abging, wurde Maria zum Fokus nicht nur der Volksfrömmigkeit. Außerdem waren Marien- und Heiligenverehrung ein hervorragendes Mittel, den alten Polytheismus aufzusaugen und ins Christentum zu überführen. Den alten heidnischen Göttern konnten hierdurch neue christliche Kostüme umgelegt werden – ein Vorgang der sich später bei der Missionierung Lateinamerikas wiederholen sollte.

Die Stellung der kirchlichen Obrigkeit zur Marien- und Heiligenverehrung blieb zwiespältig. Einerseits begegnete man ihr mit einem vernünftigen Mißtrauen und versuchte, sie zu kanalisieren, andererseits förderte man sie – bis heute. Denn die Marien- und Heiligenverehrung ist kein bloß vormodernes Phänomen, wie die Marienerscheinungen von Lourdes (1858) oder von Fatima (1917) belegen. Die überragende Stellung Marias im katholischen Christentum wurde kirchenamtlich herausgestellt, als Papst Pius XII. 1950 das neue Dogma von ihrer leiblichen Himmelfahrt dekretierte.

Das evangelische Christentum erblickte in diesem «niederen Kultus» eine Verfälschung des ursprünglichen Evangeliums und lehnt ihn bis heute ab. Deshalb macht der Protestantismus den Eindruck größerer theologischer Reinheit, aber auch größerer religiöser Kahlheit. In Westeuropa jedoch, wo die Marien- und Heiligenverehrung bei weitem nicht mehr so kraß ausgelebt wird wie etwa in Südamerika, ist sie kein Gegenstand des konfessionellen Streits mehr.

P.S.: Ein Gericht in Münster hatte im Jahr 2004 folgende Mietsache zu verhandeln: Eine evangelische Mieterin hatte gemeint, einen Anspruch auf Mietminderung zu besitzen, weil ihre katholische Vermieterin im Treppenhaus eine Madonnenfigur aufgestellt hatte. Der Richter beschied trocken: «Ein Recht auf Mietminderung steht dem Mieter nur zu, wenn die Gebrauchstauglichkeit seiner Wohnung beeinträchtigt ist. Darüber hinaus ist Jesus auch nach evangelischem Glauben durch Maria geboren worden, so daß die Aufstellung der Madonna im Treppenhaus kein Umstand sein kann, der zu einem besondern Schock führt.»

57. Warum dürfen evangelische Pastoren heiraten – im Unterschied zu ihren katholischen und orthodoxen Kollegen? Wer an Gott glaubt, gehört nicht mehr allein dieser Welt an. Er erwartet eine andere Welt, ein ganz anderes Leben. Er tritt in eine Distanz zu der Welt des Irdischen und den eigenen natürlichen Bedürfnissen. Bei Jesus zeigte sich diese Weltdistanz daran, daß er sich aus allen gesellschaftlichen Bindungen löste. Er zog aus seiner Heimatstadt Nazareth fort, hängte seinen Beruf als Zimmermann an den Nagel, sagte sich von seiner Familie los und wanderte durch Galiläa, um das nahende Reich Gottes anzusagen. Bis zu seinem vorzeitigen Lebensende wollte er frei und ungebunden bleiben, offen für das Kommen Gottes. Sinnfälligster Ausdruck seiner religiösen Ungebundenheit war, daß er nicht heiratete. Wie hätte er eine Frau nehmen, Kinder zeugen und einen Hausstand gründen können, wenn doch gerade jetzt eine ganz neue Wirklichkeit anbrach. Manche seiner Jünger und Apostel – wie etwa Paulus – folgten seinem Beispiel und blieben ebenfalls ehelos – ein Zeichen ihres unbedingten, ungebundenen Glaubens.

Doch ein grundsätzliches Ehe- und Liebesverbot haben weder Jesus noch seine unmittelbaren Nachfolger gekannt. Petrus war mit Sicherheit verheiratet. Überhaupt scheint es eine allgemeine Regel im frühen Christentum gewesen zu sein, daß die Bischöfe verheiratet waren (vgl. 1. Brief des Paulus an Timotheus 3,2). Mehr noch, die Regel, man solle nicht heiraten, wurde als Irrlehre verworfen (vgl. 1. Brief des Paulus an Timotheus 4,3).

Dennoch hat sich in der Kirche der Zölibat (lateinisch für «Ehelosigkeit»), also die Regel, daß alle Priester unverheiratet sein und sich zur sexuellen Enthaltsamkeit verpflichten müssen, herausgebildet. So sieht es immer noch das katholische Kirchenrecht vor. In den Kirchen des Ostens gilt der Zölibat in abgemilderter Form. Verheiratete Männer können dort Priester werden. Aber Männer, die vor der Priesterweihe unverheiratet geblieben sind, dürfen nach ihrer Erhebung in den geistlichen Stand nicht mehr heiraten. Außerdem bleiben alle höheren geistlichen Ränge den strikt zölibatären Mönchen vorbehalten.

Der Zölibat wurzelt erstens in der spätantiken Hochschätzung der Virginität, dem Ideal, die eigenen Leidenschaften, ja sogar die eigene Körperlichkeit zu überwinden. Zweitens gründet er in vorchristlichen Vorstellungen, nach denen der Geschlechtsverkehr einen Menschen «unrein», also kultunfähig, mache. Drittens sollte er Ausdruck einer vollkommenen religiösen Hingabe sein. Im dritten Jahrhundert bildete sich das Gewohnheitsrecht heraus, daß geweihte Priester keine Ehe mehr eingehen dürfen. In einem weiteren Schritt wurde verheirateten Priestern der sexuelle Vollzug ihrer Ehe verboten. Der eigentliche Zölibat aber, das Verbot der Priesterehe, kam erst im elften und zwölften Jahrhundert auf. Er ist also eine relativ späte Regel.

Die Reformation hat den Zölibat aufgehoben. Das Motiv war für Luther keineswegs ein eigenes sexuelles Drängen. Als er am 27. Juni 1525 – also mit über vierzig Jahren – die entlaufene Nonne Katharina von Bora heiratete, tat er dies nicht, weil er sie – in einem erotischen Sinne – geliebt hätte. Das kam erst später. Seine Ablehnung des Zölibats hatte tiefere, religiöse Gründe.

Die eigentliche Frage bestand für ihn darin, wie es dem Menschen gelingen könne, den eigenen Willen zu überwinden. Dieser eigene Wille ist gierig. Er will alles für sich. Diese Willensgier ist keineswegs auf die Sexualität beschränkt. Sie durchzieht alle Lebensdimensionen. Aber im sexuellen Begehren wird sie besonders stark erlebt. Luther erkannte, daß die bloße Abstellung sexueller Aktivitäten keineswegs diese grundsätzliche Willensgier aufhebt und beendet. Auch zölibatäre Priester und Mönche stehen weiterhin unter der Macht ihrer Begehrlichkeiten – zumeist ohne es sich selbst einzugestehen. Der Eigenwille kann nur dort überwunden werden, wo der Glaubende vor Gott all seine Eigenmächtigkeit aufgibt und nur von Gott sein Heil und seine Rechtfertigung erwartet. Ist er aber auf diese Weise gerechtfertigt, ist er frei, sein Leben so zu führen, wie es ihm richtig erscheint. Kirchenrechtliche Bestimmungen gelten für ihn nicht mehr. Er muß nicht mehr gegen seine – von Gott geschaffene – Natur leben. Auch meinte Luther, daß der Sexualtrieb eine so elementare Macht sei, daß der Mensch ihn nicht einfach abstellen könne: «Die Natur will heraus und sich besamen und vermehren.» Der Wunsch nach lebenslänglicher Enthaltsamkeit war für ihn absurd. Ebensogut könnte man das Gebot aufstellen, daß der Mensch «seinen Harn oder seinen Mist halten müßte – denn sie müssen halten, was nicht zu halten ist».

Der Sinn der Ehe bestand für Luther nicht darin, daß sie die natürlichen Bedürfnisse des Menschen einfach befriedigt. Denn die Ehe ist kein reines Vergnügen. Zu ihren herausragenden Kennzeichen gehört die Sorge. Die Ehe bürdet zum Beispiel dem Mann die Verantwortung für eine große Hausgemeinschaft auf. Dagegen ist die Klosterexistenz allein und nur für sich lebender Mönche von geradezu paradiesischer, wenn nicht parasitärer Sorglosigkeit. Die Ehe ist weitaus mehr als das Kloster eine Schule der Nächstenliebe. Sie zwingt den Menschen dazu, tagtäglich die eigenen Bedürfnisse zurückzustellen. Sie verwebt den Menschen in ein Beziehungsgeflecht, in dem er unausgesetzt und selbstverständlich den Nutzen anderer – des Ehepartners oder der Kinder – befördern muß. Aber die Ehe ist nicht nur eine Pflicht, eine Askese anderer Art, sondern immer auch eine große Lust, das Glück, in wechselseitiger Liebe zu leben. Das hat Luther auch an sich selbst erfahren. Aus seiner Vernunftehe mit Katharina wurde mit der Zeit eine Liebesgemeinschaft, die er als spätes Lebensglück dankbar genossen hat.

58. Inwiefern hat die Reformation die Moderne eingeleitet? Die alten Römer verehrten neben vielen anderen Göttern auch einen Gott, der für die Türschwellen zuständig war. Er hieß Janus und sollte die Ein- und Durchgänge, die Tore und Türen bewachen. Er hatte einen Kopf mit zwei Gesichtern, die in entgegengesetzte Richtungen schauten. Mit einem Gesicht blickte Janus in die Vergangenheit und mit dem anderen in die Zukunft.

Im übertragenen Sinn läßt sich dieser Janus auch auf Lebenswenden und Epochenwechsel beziehen. Denn viele historische Gestalten, die ihre Zeit über eine geschichtliche Schwelle führten, trugen ein Doppelgesicht wie Janus. So auch Martin Luther. Auf der einen Seite schaute er weit in die ferne Zukunft. Er befreite den einzelnen aus den Machtansprüchen religiöser Autoritäten und beförderte mit seinem Glaubens- und Gewissensverständnis den modernen Individualismus. Er relativierte die Bedeutung der Kirche und bahnte der Vorstellung einer egalitären Kirche den Weg. Er brach mit antiken und mittelalterlichen Vorstellungen einer kirchlich geprägten Einheitskultur und zielte auf eine Trennung von Kirche und Staat.

Doch das ist keineswegs der ganze Luther. Sein zweites Gesicht schaute in die Vergangenheit. Dort fixierte er Vorstellungen, die heute alles andere als zeitgemäß sind. Sein ganzes Glaubensgefühl ist von Vorstellungen bestimmt, die gegenwärtig als fremd und befremdlich erscheinen. Ihn prägte die Einsicht, daß der Mensch zunächst und vor allem nicht gut und frei, sondern in seinem eigenen sündhaften Willen gefangen ist. Gott war für ihn nicht einfach der Grund des Seins und die Quelle des Guten, sondern ein höchst widersprüchliches Wesen, das zugleich nah und fern, gut und böse, liebevoll und zornig, hinreißend und schrecklich sein konnte. Luther pflegte eine intime Bekanntschaft mit dem Teufel und erwartete das nahe Kommen des Weltendes. Die Freiheit des einzelnen bejahte er zwar, zugleich hat er sie aber auch zurückgenommen und eingefangen, indem er den individuellen Glauben an die Heilige Schrift und die altkirchlichen Bekenntnisse band. Eine ganz und gar freie Wahl der Glaubensvorstellungen war ihm undenkbar, ebenso wie er die moderne Idee der Toleranz und des religiösen Pluralismus nicht verstanden hätte.

Luthers Reformation trägt ein Janusgesicht. Doch fügen sich seine beiden Gesichter noch zu einem spannungsgeladenen Ganzen.

Über Katholizismus und Protestantismus

Bei Luthers Erben fallen beide Gesichter auseinander. Seit dem achtzehnten Jahrhundert stehen sich ein alter und ein neuer Protestantismus gegenüber. Der Altprotestantismus vertritt eine autoritäre
Kirchenkultur mit fester Bibeltreue und intensiver Sakraments-
frömmigkeit. Der Neuprotestantismus verficht eine Kultur des religiösen Individualismus, der sich von festen Vorgaben und Institutionen löst. Beide Strömungen widersprechen einander in prinzi-
piellen Ansichten und gehören doch – immer noch – derselben
Kirche an. Darin mag eine besondere Chance für den Protestantismus liegen, daß er eben keine stromlinienförmige Fortschrittspartei
oder ein Verein von eifrigen Freiheitsfreunden ist, sondern daß er
in sich die Widersprüche zwischen Vergangenheit und Zukunft,
Tradition und Innovation, Freiheit und Bindung austrägt. Denn die
Gegenwart, in der und für die er lebt, läßt sich nicht auf einen in
sich einheitlichen Begriff des Modernen festlegen, sondern sie weist
vielfältige Spannungen und Brüche auf.

**59. Warum gibt es so viele unterschiedliche Protestantismen –
und nur einen Katholizismus?** Wer katholisch sagt, meint damit
zumeist die römisch-katholische Kirche: ein großes, weltumspan-
nendes und trotz aller Spannungen einheitliches Gebilde. Wer protestantisch sagt, kann alles mögliche meinen. Denn der Protestantismus hat sich nicht in ein Kirchwesen oder eine in sich
geschlossene Konfession einfangen lassen.

Die ersten protestantischen Kirchengründungen waren die lutherischen Landeskirchen, wie es sie in Norddeutschland und Nord-
europa immer noch gibt. Doch nachdem sich Luthers Reformation
diese institutionelle Gestalt gegeben hatte, schien sie sich erschöpft
zu haben. Luther war ein welthistorisches Ereignis. Das Luthertum
ist eine regionale Größe geblieben. Zwar hat es auch in den folgenden Jahrhunderten noch bedeutende Köpfe hervorgebracht, aber
weltweit ausgestrahlt hat es nicht mehr. Nur durch Auswanderun-
gen von lutherischen Bevölkerungsteilen – etwa nach Nordamerika
oder Brasilien – ist es in andere Weltgegenden gelangt.

Auf Luther aber folgte eine zweite Generation von Reformatoren,
allen voran Johannes Calvin (1509–1564). Er hat Luthers Grundein-
sichten aufgenommen, in eine bündige Theologie überführt und sie
genutzt, um – viel mehr als Luther selbst – daraus Impulse für die
Gestaltung der Kirche und der Gesellschaft zu gewinnen. Deshalb

96   *Über Katholizismus und Protestantismus*

wirkt sein Verständnis des Protestantismus aktiver, ethischer, politischer und moderner. Während Luthers Einfluß auf Deutschland beschränkt blieb, hat Calvins reformierter Protestantismus weite Teile Europas, vor allem Süddeutschland, die Schweiz, Frankreich, Großbritannien und die Niederlande, sowie später Nordamerika geprägt. Das Verhältnis zwischen Lutheranern und Calvinisten war über lange Zeit von Konkurrenz bestimmt. Theologische Unterschiede – etwa im Verständnis des Abendmahls oder der Erlösung – führten vor allem im siebzehnten und achtzehnten Jahrhundert zu einer Feindseligkeit, im Vergleich zu der die gemeinsame Gegnerschaft zum Katholizismus verblaßte. Inzwischen aber haben sich beide Schwesterkonfessionen einander so stark angenähert, daß traditionelle Unterschiede kaum noch zu Buche schlagen.

Neben diesen beiden großen Theologen gab es schon früh radikale Seitenströmungen der Reformation, die von Luthers Aufbruch mitgerissen wurden und diesen dann bald überholten. Man nannte sie anfangs die «Wiedertäufer», weil sie die Kindertaufe nicht anerkannten, sondern verlangten, daß man aufgrund einer eigenen Entscheidung Glied der christlichen Gemeinschaft wurde. Dieser «linke Flügel der Reformation» wurde von katholischer und lutherischer Seite gleichermaßen verfolgt. Die Wiedertäufer galten als Sekte. Sie flohen darum in die Niederlande und nach England, später dann nach Nordamerika. Dort wuchsen die Baptisten von einer kleinen Sekte zu einer der größten christlichen Konfessionen heran.

Außer diesem radikalen, strenggläubigen Seitenstrang der Reformation gibt es noch einen zweiten «linken Flügel» des Protestantismus. Dieser verdankt sich einer Mischung aus reformatorischen Impulsen mit Motiven des Humanismus und der Aufklärung. Ihm ging es um ein noch individuelleres Glaubensleben. Entsprechend schwer fiel es ihm, sich eine institutionelle Form zu geben. Aber die zahlenmäßig kleinen Gemeinschaften der Quäker und der Unitarier haben doch einen nicht geringen Einfluß besessen, vor allem wegen ihres außergewöhnlichen humanitären Engagements und ihrer sehr freien Spiritualität.

Zwischen Katholizismus und Protestantismus steht die anglikanische Kirche, besser gesagt: diese Kirche vereint in sich den großen Gegensatz des westeuropäischen Christentums. Entstanden ist die anglikanische Kirche aus einem politischen Zufall. Der englische König Heinrich VIII. (1509–1547) strebte danach, die Kirche in seinem Land dem päpstlichen Einfluß zu entziehen. Als der Papst sich zudem weigerte, seinen rasanten Austausch von Ehegattinnen zu legitimieren, brach Heinrich VIII. mit Rom. Seine Reformation war also ein bloßer Willkürakt, mit dem er sich selbst an die Stelle des Papstes setzte und zum Oberhaupt der englischen Kirche machte. Die religiösen Motive der Reformation kamen erst später hinzu, aber sie sollten nie die anglikanische Kirche im ganzen bestimmen. So finden sich in ihr zwei gegenläufige Strömungen: die «high church», die mit ihrem reichen liturgischen Leben an die katholische Kirche erinnert, und die «low church», die heute stark an die nordamerikanischen Evangelikalen erinnert. Zwischen beiden befindet sich die «broad church», die einen Mittelweg sucht.

Über das neuzeitliche Christentum

60. Gibt es eine christliche Aufklärung? «Aufklärung» ist immer noch ein Reizwort. Seit gut dreihundert Jahren löst es dieselben Reaktionen aus. Diejenigen, die sich für progressiv halten, bejubeln das «Projekt der Aufklärung» als einen der größten Schritte der Menschheit. Diejenigen dagegen, die sich für konservativ halten, verteufeln sie als Sündenfall. Jeder hat eine Meinung über die Aufklärung. Dabei ist sie eine der unbekanntesten europäischen Epochen. Ihre Literatur, Philosophie und die Theologie sind selbst Gebildeten nicht mehr präsent.

Nach einer berühmten Formulierung Immanuel Kants lautete das Programm der Aufklärung «sapere aude», «Habe Mut, dich deines eigenen Verstandes zu bedienen». Dieser Mut zur freien Nachdenklichkeit bedeutete, daß man alle religiösen und ethischen Traditionen auf ihren Sinn befragte. Das führte zu einer tiefgreifenden Kritik an der Bibel, den Bekenntnissen und den kirchlichen Obrigkeiten. In Frankreich oder England nahm die Aufklärung schroff kirchenfeindliche Züge an. Doch wäre es ganz falsch, sie insgesamt in einen reinen Gegensatz zum Christentum zu stellen. Deutschland gibt das – viel zu wenig bekannte – Beispiel dafür ab, daß auch eine christliche Aufklärung möglich ist.

So wie sich in Deutschland eine großartige jüdische Aufklärung, die «Haskala», entwickelte, so bildete sich auch eine protestantische Aufklärung, die «Neologie» (griechisch für «Neue Lehre»). Die Haskala wurde von Moses Mendelssohn angeführt, der Lessing als Vorbild für seinen weisen «Nathan» diente. Der weise Nathan der Neologie war Johann Joachim Spalding (1714–1804), eine der sympathischsten Figuren seiner Zeit. Als junger Mann schrieb der spätere Berliner Oberkonsistorialrat und Propst – am Sterbebett seines Vaters – ein kleines Büchlein, das einer der großen Bestseller des achtzehnten Jahrhunderts werden sollte. Es erlebte 13 Auflagen und wurde von der Ehefrau Friedrichs des Großen ins Französische übersetzt.

Vielleicht gerade weil Spalding kein akademischer Theologe war, konnte er eine ganz freie und moderne Form des protestantischen Christentums skizzieren. Seine Schrift *Die Bestimmung des Menschen* (1748) gibt sich ganz untheologisch. Ohne auf Bibel, Bekenntnisse oder kirchliche Lehren direkt Bezug zu nehmen, geht sie der existentiellen Grundfrage nach, «warum ich da bin, und was ich vernünftiger Weise seyn soll».

Um seine wahre Bestimmung zu finden, setzt Spalding beim Grundimpuls des menschlichen Lebens an: dem Streben nach Glück. Anders als die theologische Tradition es gewöhnlich tat, verdammt Spalding dieses Glücksstreben nicht, sondern versucht, ihm auf seinen letzen Grund zu gehen und es auf sein eigentliches Ziel hin auszurichten. Sinnliche Lust ist nicht schlecht, aber in ihr liegt noch nicht die Bestimmung des Menschen. Das «Wozu» seines Lebens geht ihm erst auf, wenn er sich als moralisches Wesen betrachtet. Über der Moralität wölbt sich als höchste Stufe des Glücks die Religion. Erst sie erfüllt die Sehnsucht nach Lebenssinn ganz. Denn der christliche Glaube ist die große «Kunst, mich recht zu freuen». Durch den Glauben an Gott kann sich der Mensch in einem letzten Grund verankern, diese Welt als gute Schöpfung dankbar genießen, trotz aller Nöte Vertrauen zum Leben gewinnen und im Angesicht des Todes ewige Hoffnung finden.

Spalding trägt eine betont «einfache» Theologie vor. Sie kommt ohne eine komplizierte Lehre und ohne ein ausgeklügeltes Ritualwesen aus. «Einfach» heißt aber nicht «naiv». Spaldings Theologie ist dezidiert kritisch, indem sie viele altkirchliche Lehren – etwa die von der Erbsünde oder vom Sühnopfertod Christi – ausscheidet. Aber sie bleibt nicht bei der Kritik stehen, sondern zielt auf eine gereinigte Christlichkeit, eine zweite, wiedergewonnene Naivität.

Diese ist dort erreicht, wo ein freier Mensch im Glauben an Gott sein wahres Glück findet. Denn so lautete Spaldings Definition von Glück: «Mit sich selbst im Reinen sein und Gott zum Freund haben.»

61. Sollte man Kirche und Staat trennen? Als Pilatus ihn fragte, ob er der König der Juden sei, hat Jesus geantwortet: «Mein Reich ist nicht von dieser Welt» (Johannes 18,36). Das frühe Christentum besaß kein politisches Programm. Vor allem aber wollte es keine weltliche Macht besitzen. Das änderte sich mit der «Konstantinischen Wende». Mit dem Regierungsantritt des Kaisers Konstantin schickte sich das Christentum an, zur offiziellen Religion des späten römischen Reichs zu werden. Die «Konstantinische Wende» war der welthistorische Sieg des Christentums. Als Staatsreligion sollte es einen ganzen Kulturkreis durchdringen und unterwerfen sowie viele neue Völker – wie unsere germanischen Vorfahren – für sich gewinnen und zivilisieren. Zugleich aber war die «Konstantinische Wende» ein Sündenfall. Denn von nun an waren Glaube und Politik unglückselig miteinander vermischt. Die Kirche setzte politische Mittel für ihre Zwecke ein. Aber auch der Staat gebrauchte die Kirche für seine Interessen. Der Glaube wurde zum «Opium für das Volk», und der Klerus wurde zur «schwarzen Polizei», welche die Untertanen Mores lehren und die Obrigkeit verherrlichen sollte.

Doch blieb das Verhältnis von Kirche und Staat immer spannungsvoll. Eine völlige Deckungsgleichheit wurde in Westeuropa nie erreicht. Das katholische Mittelalter ist durchzogen von heftigen Konflikten zwischen Papst und Kaiser. Anders als in den osteuropäischen Kirchen – oder im Islam – blieb es bei einer nur zeitweise gemilderten Konkurrenz.

Aber auch wenn die Idee der Staatsreligion nie ganz realisiert wurde, blieb sie eine bedrückende Wirklichkeit, welche die Freiheit des Glaubens und Denkens einschnürte. Erst die Reformation brach mit dem Gedanken der Staatsreligion und unterschied eindeutig zwischen weltlicher und geistlicher Macht. Die Reformatoren forderten, daß sich der Staat aus kirchlichen und die Kirche aus politischen Angelegenheiten heraushalten sollte. Dies schenkte sowohl der Kirche wie dem Staat neue Freiheiten und ließ beiden ihre jeweilige Eigenart. Insofern forderte die Reformation die Trennung von Kirche und Staat – zumindest dem Prinzip nach. Die Wirklichkeit allerdings sah anders aus. Da auch die Reformation auf politischen Beistand und institutionelle Absicherung angewiesen war, schuf man das System des «landesherrlichen Kirchenregiments», wonach der Landesherr an Stelle der alten Bischöfe die Kirche führen sollte. Das führte natürlich zu neuen Abhängigkeiten.

Die konsequente Trennung von Kirche und Staat ist darum nicht der Reformation, sondern erst der Aufklärung zu verdanken. Politische Wirklichkeit wurde sie zuerst durch die Verfassung der Vereinigten Staaten von Amerika (1776). Hier wurden Kirche und Staat entflochten. Alle religiösen Bekenntnisse sollten frei und gleichberechtigt sein. Der Staat sollte sich nicht in Kirchendinge einmischen. Die Kirchen sollten keine finanziellen Hilfen vom Staat erhalten. Es sollte keinen staatlichen Religionsunterricht geben. Dennoch blieben Christentum und Politik eng miteinander verbunden. Denn das religiöse Klima war in Nordamerika viel frömmer als im staatskirchlichen Europa.

Dort brachte zuerst die Französische Revolution (1789) die Trennung von Kirche und Staat. Hier aber war eine aggressive Kirchenfeindschaft am Werk. Die Revolutionäre sahen in der katholischen Kirche nur eine Verbündete der Monarchie, die es zu stürzen galt. Es kam zu einer regelrechten Kirchenverfolgung. Nach verschiedenen Versuchen von Restauration und Revolution wurde der französische Weg 1905 festgeschrieben. Das Staatskirchentum wurde abgeschafft, die allgemeine Religionsfreiheit erklärt, und ein staatlicher Religionsunterricht war nicht mehr vorgesehen. Die katholische Kirche in Frankreich mußte erhebliche finanzielle Einbußen hinnehmen. Das brachte nicht nur die Mehrzahl der Priester in Armut, sondern schwächte die Kirche insgesamt als Institution.

Deutschland fand erst sehr spät eine – dann höchst eigentümliche – Lösung der Frage nach der Trennung von Kirche und Staat. Nach dem katastrophalen Ende des Ersten Weltkriegs und dem Abtritt des Monarchen und aller Fürsten 1918 waren den evangelischen Kirchen die Oberhäupter abhanden gekommen. Sie mußten sich nun neu organisieren und ihr Verhältnis zum Staat neu bestimmen. Zum Zankapfel mit den linken Parteien wurde die Frage des Religionsunterrichts.

Der Weimarer Verfassungsausschuß mußte einen Kompromiß zwischen außerordentlich unterschiedlichen Parteien und Interes-

Über das neuzeitliche Christentum 101

sengruppen finden. Da war zunächst die laizistische Sozialdemo-
kratie, die eine strikte Trennung von Staat und Kirche durchsetzen
wollte und darum eine Privatisierung der Kirchen anstrebte.
Besonders lag ihr daran, die Schulen von kirchlicher Einflußnahme
zu befreien. Das katholische Zentrum blieb am traditionellen
Modell einer kirchlichen Integration der Gesellschaft orientiert und
versuchte lediglich, soviel an alten Besitzständen wie möglich in die
neuen Verhältnisse zu retten. Ebensowenig wie das Zentrum gewann
das nationalprotestantische Bürgertum ein konstruktives Verhältnis
zur Ausdifferenzierung von Staat und Religion. Es konzentrierte
sich ebenfalls darauf, so viele kirchliche Interessen wie möglich zu
verteidigen.

Lediglich die Kulturprotestanten in den liberalen Parteien versuchten, die Epochenwende als eine historische Chance zu begreifen.
Hier war es vor allem Friedrich Naumann (1860–1919), der die ent-
scheidenden Weichen stellte. Ausgangspunkt waren die Erklärung
der Religionsfreiheit sowie der Beendigung des Staatskirchentums.
Es mußte nun eine rechtliche Form gefunden werden, welche die beiden Großkirchen einerseits vom Staat entkoppelte und ihnen
zugleich eine herausgehobene gesellschaftliche Stellung sicherte.
Sie sollten das Recht besitzen, Steuern zu erheben, über ein eigenes
Disziplinarrecht verfügen und freien Zutritt zu staatlichen Institutionen wie Militär, Gefängnis, Schule und Krankenhaus haben.
Deshalb konnten die Kirchen nicht als Vereine organisiert werden,
sondern sie mußten «Körperschaften öffentlichen Rechts» werden.
Damit war eine historische Einigung erreicht. Das Ergebnis jedoch
war keine reinliche Trennung, sondern eine komplizierte Misch-
konstruktion. Ihr ursprünglicher Sinn lag für Naumann darin, eine
gesicherte, pluralistische und von staatlicher Bemächtigung befreite
Religionskultur zu ermöglichen.

Eine besonders auffällige deutsche Besonderheit ist die Kirchensteuer. Sie wird vom Staat eingezogen, doch dies ist nicht einfach
ein Relikt des alten Staatskirchentums. Denn der Staat erbringt
nur eine bürokratische Dienstleistung, die ihm die Kirchen bezahlen. Zudem ist die Kirchensteuer – rechtlich gesehen – etwas deutlich
anderes als ein Vereinsbeitrag, aber faktisch ist sie inzwischen längst
keine Zwangsbestimmung mehr. Man kann sich ihr sehr leicht entziehen, indem man aus der Kirche austritt. Die Steuer, welche die
evangelische und die katholische Kirche als Körperschaften öffent-

lichen Rechts erheben können, ist ein sehr effizientes Mittel der Geldbeschaffung. Sie hat den Kirchen in Deutschland eine unvergleichlich große Stabilität – und damit auch öffentliche Präsenz – gegeben. Interessant aber ist, daß die Einführung dieser Steuer ursprünglich nicht allein eine Forderung der Kirchenleitungen gewesen ist. Auch der kirchenkritischen SPD war sehr daran gelegen, denn nur mit ihrer Hilfe konnte das alte Patronatssystem ausgehebelt werden. Dieses System, nach dem allein ein Patron (lateinisch für «Schutzherr») die Kirche finanzierte, hatte zur einseitigen Abhängigkeit der Kirche von wenigen kapitalkräftigen Aristokraten geführt. Die Kirchensteuer sollte nun bewirken, daß die neue Volkskirche in der Weimarer Republik vom ganzen Volk finanziert würde. Anfänglich also hatte man in der Kirchensteuer auch ein Mittel zur innerkirchlichen Demokratisierung gesehen.

Die religiösen Bestimmungen der Weimarer Reichsverfassung haben lange nachgewirkt. Nach der Unterbrechung des «Dritten Reichs» wurden sie durch das Grundgesetz wiederbelebt. Auch in der Bundesrepublik war die Trennung zwischen Kirche und Staat keine schroffe Scheidung, sondern eine differenzierte Unterscheidung. Vielfach blieben der Staat und die beiden großen Kirchen aufeinander bezogen. Denn die Gesellschaft hatte ein Interesse daran, daß die Kirchen nicht zu Privatvereinen schrumpften, sondern als privilegierte Körperschaften öffentlichen Rechts pädagogische und sozialdiakonische Aufgaben für die Gesellschaft übernahmen.

Inzwischen aber wächst der Eindruck, daß die fast neunzig Jahre alten Weimarer Verfassungsartikel nicht mehr von der gesellschaftlichen Wirklichkeit abgedeckt werden. Ob diese damals so innovative Regelung Zukunft hat, hängt nicht zuletzt davon ab, ob die Mehrheit der Deutschen weiterhin an einer öffentlichen Funktion der keineswegs mehr so großen Kirchen interessiert ist.

Der Überblick hat gezeigt, wie unterschiedlich in Westeuropa – und Nordamerika – die Unterscheidung von Staat und Kirche vollzogen wurde. Es ist noch keineswegs abzusehen, ob es einem zusammenwachsenden Europa gelingen wird, eine Form zu finden, die den verschiedenen Traditionen gerecht wird.

62. Warum sind die US-Amerikaner frömmer als die Westeuropäer? Für Westeuropäer scheint festzustehen, daß Modernisierung

immer auch Säkularisierung (lateinisch für «Verweltlichung»)
bedeutet. Doch schon eine Stippvisite in den Vereinigten Staaten
von Amerika zeigt, daß gesellschaftlicher Fortschritt keineswegs
notwendig mit einem Rückgang der Religion und einem Be-
deutungsverlust der Kirchen verbunden ist, ganz im Gegenteil. Der
westeuropäische Besucher wird zunächst mit Befremden beobachten, daß amerikanische Politiker ganz ohne Scham öffentlich beten
und am Ende ihrer Wahlkampfauftritte ein «God bless you»
in die begeisterte Menge rufen. Sodann wird er beim Zappen bei
vielen Fernsehkanälen auf höchst erfolgreiche Glaubenssendungen
stoßen. Wenn er sich zu einem Kirchgang entschließt, wird er darüber erstaunt sein, wie gut und von wie vielen jungen Menschen der
Gottesdienst besucht wird. Und in Gesprächen mit Nordame-
rikanern wird er bald feststellen, daß für erstaunlich viele die Bibel
in einem buchstäblichen Sinne das Wort Gottes ist. An diesen und
vielen anderen Beispielen wird dem westeuropäischen Besucher
deutlich werden, daß die christliche Religion einen enormen Einfluß
auf das Leben der amerikanischen Gesellschaft ausübt, und dies
obwohl Staat und Kirchen eindeutiger voneinander geschieden sind
als etwa in Deutschland und die Kirchen keineswegs die Privilegien
genießen, die ihnen hierzulande gewährt werden.

In Nordamerika gibt es ganz offenkundig eine andere, Europäern
fremde Religionskultur. Eine ihrer Wurzeln zeigt sich, wenn man die
Besiedlungsgeschichte Nordamerikas betrachtet. Die Art, wie dieser
Kontinent kolonisiert wurde, führte dazu, daß die Neue Welt in
kirchlicher Hinsicht keine Kopie der Alten Welt wurde. Denn es wanderten vor allem die religiösen Minderheiten ein, die in Europa
unterdrückt wurden. Als erste kamen im frühen siebzehnten Jahrhundert die puritanischen Pilgerväter. Die Puritaner (englisch-spät-
lateinisch für «die Reinen») waren radikale, calvinistisch geprägte
Protestanten, die gegen die anglikanische Staatskirche aufbegehrt
hatten und von dieser entsprechend bedrängt worden waren. Viele
von ihnen waren zunächst in die Niederlande geflohen, hatten dann
aber den Ozean überquert. In Nordamerika hofften sie Religionsfreiheit zu finden, ihre Gemeinden aufbauen und ein Leben führen
zu können, das ihren sittenstrengen und bibelgläubigen Vorstellungen mehr entsprach. Diesen Pilgervätern folgten andere Gruppen
von protestantischen Separatisten, wie zum Beispiel die weitherzi-
gen Quäker.

Die ersten Einwanderer brachten also eine religiöse Begeisterung mit. Doch war es schwer, diese auf Dauer zu erhalten. Den Anspannungen folgten Erschlaffungen. Als Gegenmittel traten in regelmäßigen Abständen Erweckungsbewegungen auf den Plan. Das erste dieser «revivals» begann 1734. Im neunzehnten Jahrhundert kam es in fast jeder Generation (1800, 1826, 1857) zu solchen frommen Begeisterungsstürmen, die Historiker wegen ihrer Wucht mit Epidemien verglichen haben. Besonders erfolgreich waren die Methodisten. Von den Gebrüdern Wesley begründet, pflegte diese Bewegung eine sehr intensive, methodische Lebensführung und Frömmigkeit – daher der ursprünglich spöttisch gemeinte Name. Zunächst wollten die Methodisten die anglikanische Kirche von innen her reformieren. Doch mit der Zeit wuchsen sie aus der englischen Staatskirche heraus und wurden zu einer eigenen «denomination» (lateinisch-englisch für «christliche Religionsgemeinschaften»), die mit ihren modernen Massenevangelisationen in Nordamerika großen Zulauf fand. Den meisten Erfolg konnten bei den «revivals» allerdings die Baptisten für sich verbuchen.

Die kirchliche Landschaft in Nordamerika ist vielseitiger, aber auch zerklüfteter als in Europa. Ursprünglich war sie sehr stark protestantisch geprägt. Doch dieser Protestantismus teilte sich in eine Fülle unterschiedlicher Kirchen und Konfessionen auf. Weitere Einwanderungswellen – vor allem im neunzehnten Jahrhundert aus Südeuropa und Irland sowie gegenwärtig aus Süd- und Mittelamerika – haben die katholische Kirche groß werden lassen. Da die amerikanischen Kirchen nicht auf staatliche Hilfen und traditionelle Privilegien – wie die Kirchensteuer – zurückgreifen können, müssen sie sich aus eigener Kraft auf dem religiösen Markt behaupten. Der große Konkurrenzdruck führt einerseits zu einer Angleichung der religiösen Produktpalette und andererseits zu einem hohen Engagement von Pastoren und Laien. Aufgrund ihrer eigenen Stärke können die christlichen Denominationen die weltanschauliche Neutralität des Staates akzeptieren. Denn sie wissen, daß die amerikanische Gesellschaft christlich geprägt ist.

Allerdings fordert auch im frommen Nordamerika die Säkularisierung ihren Tribut. Dies führt dazu, daß die Gesellschaft sich zunehmend in zwei Lager – ein christliches und ein nicht-religiöses – spaltet. Bei Reizthemen wie Abtreibung oder Sterbehilfe bricht der

Über das neuzeitliche Christentum 105

schwelende Konflikt zwischen beiden Kulturwelten regelmäßig offen aus.

63. Welche Konfession wächst zur Zeit am schnellsten? Das Christentum wächst rasant – natürlich nicht in Westeuropa. Aber unbeachtet von den meisten Bewohnern der «Ersten Welt» entsteht gegenwärtig in Asien, Afrika und Lateinamerika eine ganz neue Form des Christentums. Sie ist sehr viel traditionalistischer, autoritärer und strenggläubiger, dafür aber auch sehr viel vitaler als das verbürgerlichte Christentum in Westeuropa. Diesem neuen Christentum dürfte die Zukunft gehören. Schon jetzt überflügelt es die alten Kirchen des Westens und Nordens.

Gegenwärtig gibt es etwa zwei Milliarden Christen, das ist ein Drittel der Weltbevölkerung. 560 Millionen von ihnen leben in Europa und 260 Millionen in Nordamerika. In Lateinamerika, Afrika und Asien leben dagegen 1,15 Milliarden Christen. 60 % der Christenheit also stammt aus der «Dritten Welt». Bedenkt man noch die demographische Entwicklung, nach welcher die Völker der «Ersten Welt» erheblich schrumpfen und die Völker der «Dritten Welt» stark wachsen werden, zeigt sich, daß das alte Kräfteverhältnis innerhalb der Christenheit sich erheblich verändern wird.

Dieses neue Christentum läßt sich nicht leicht auf einen Nenner bringen. Die bedeutendste und größte Kirche in der «Dritten Welt» ist natürlich die katholische. Lateinamerika ist seit der Eroberung durch Spanien und Portugal katholisch. Auch in Afrika ist eine alte und starke katholische Kirche anzutreffen. In manchen Ländern Asiens, wie etwa in Korea, erzielt eine neue katholische Mission Erfolge. Doch neben der katholischen Kirche – und manchmal merkwürdig mit ihr vermischt – gibt es eine Unzahl von hierzulande gänzlich unbekannten Gemeinschaften und Kirchen wie die brasilianische «Universale Kirche des Reiches Gottes», die amerikanische «Vereinigung Gottes», die südkoreanische «Full Gospel Central Church» oder die «Church of the Lord Jesus Christ on Earth» des kongolesischen Propheten Simon Kimbangu. Diese Liste ließe sich ins Endlose fortsetzen. Was diese unterschiedlichen Gruppierungen verbindet, ist nicht präzise zu bestimmen. Man hat sich – eher aus Verlegenheit – darauf geeinigt, sie unter dem Begriff «Pfingstlertum» zusammenzufassen. Das ist insofern zutreffend, als ekstatische Gottesdienste, Wunderheilungen und charismatische Führer

106   *Über das neuzeitliche Christentum*

hier eine zentrale Rolle spielen. Zudem ist ein Großteil von ihnen aus der amerikanischen Pfingstbewegung hervorgegangen. Doch viele andere dieser neuen Kirchen haben ganz andere Wurzeln, wie zum Beispiel die indigenen Kirchen Afrikas, in denen sich Einflüsse der europäischen Mission mit den traditionellen Religionen dieses Kontinents verbunden haben. Manche dieser Kirchen sind windige Start-up-Unternehmen, die auf der Welle einer religiösen «new economy» reiten und mit diesseitigen Glücksversprechungen auf Kundenfang gehen. So gibt es in Nigeria etwa eine «Winners Church». Doch das ist nicht unbedingt die Mehrheit. Dieses Pfingstlertum erlebt zur Zeit einen ungeheuren Aufschwung. Genaue Zahlen liegen natürlich nicht vor. Aber es ist deutlich, daß die traditionellen, aus Westeuropa importierten Kirchen ins Hintertreffen geraten. So reagiert die katholische Kirche auf die Konkurrenz durch diese neuen «Sekten» sehr irritiert, gelegentlich aber übernimmt sie einzelne von deren Erfolgsrezepten.

Problematisch erscheint an dieser neuen Christenheit ihr Fundamentalismus, ihre rigide Strenge, das Gewaltsame und nicht selten Abergläubische an ihr. Man denke hier an den weitverbreiteten, ungebremsten Dämonen-, Hexen- und Teufelglauben. Doch gilt es zu berücksichtigen, daß dieser Form des Christentums das gelungen ist, was die südamerikanische Befreiungstheologie vergeblich angestrebt hat, nämlich eine freie Selbstmobilisierung der Ärmsten der Armen. In den pfingstlerischen Gemeinden finden sich die Hoffnungslosesten der Hoffnungslosen, die Bewohner der Townships, Slums und Favelas zusammen und feiern Gottesdienste, die ihren eigenen spirituellen Bedürfnissen entsprechen – ohne Aufsicht durch weiße Missionare. Hier finden sie sozialen Zusammenhalt und eine Einübung in feste Lebensformen, die ihnen den gesellschaftlichen Aufstieg erleichtern. Hier erleben sie Befreiung, Erleichterung und Heilung. Hier gewinnen sie ein ganz neues Selbstwertgefühl als Träger des Heiligen Geistes.

64. Wofür braucht die moderne Gesellschaft das Christentum? Der moderne Staat funktioniert auch ohne das Christentum. Er ist weltanschauungsneutral und folgt einer eigenen Logik. Zur Lösung seiner Sachprobleme wird er in der Bibel oder in der traditionellen christlichen Sittenlehre keine direkte Hilfe finden. Nur indirekt können christliche Wertvorstellungen in politische, rechtli-

Über das neuzeitliche Christentum 107

che und bürokratische Entscheidungen einfließen. Das heißt aber nicht, daß sie irrelevant wären. Ihr Einfluß besteht nur nicht darin, daß sie in eine «christliche Politik» münden. Das ist unter modernen Verhältnissen unmöglich. Ihr Einfluß kann jedoch darin bestehen, das Entstehen einer Bürgergesinnung zu befördern, auf welche die moderne Demokratie angewiesen ist. Der moderne demokratische Staat lebt von weltanschaulichen Voraussetzungen, die er selbst nicht herstellen kann, weil er weltanschauungsneutral sein muß. Zu diesen Voraussetzungen gehören: die Ehrfurcht vor der Würde des Menschen, die unbedingte Wertschätzung von Freiheit und Gerechtigkeit, die Einsicht in die Begrenztheit des Menschen und – damit verbunden – die Skepsis gegenüber modernen Allmachtsphantasien. Diese Voraussetzungen sind ethischer und religiöser Natur. Dafür Sorge zu tragen, daß sie gegeben sind, wäre ein bedeutender Beitrag des Christentums für die moderne Gesellschaft.

65. Gibt es eine christliche Art, Geld zu verdienen? Das frühe Christentum war an Fragen des Geldverdienens und -ausgebens herzlich desinteressiert. Nach einem Wort Jesu war es unmöglich, zugleich dem Mammon, also dem Gott des Geldes, und dem Gott des Evangeliums zu dienen. Wer Jesus im Ernst nachfolgen wollte, sollte auf seinen Besitz verzichten, seinen Arbeitsplatz verlassen und seine Lebenszeit nicht länger mit ökonomischen Tauschgeschäften verschwenden. Das antike Christentum verkündete entsprechend, daß nicht auf weltlichem Reichtum, sondern auf der Armut göttlicher Segen liege. Erfolgreiche wirtschaftliche Arbeit wurde beargwöhnt. Als besonders unwürdig galt das Zinsnehmen, weshalb man es an die jüdische Minderheit delegierte.

Diese asketische Wirtschaftsfeindlichkeit blieb bis zur frühen Neuzeit in Geltung, als sich die moderne kapitalistische Wirtschaft zu entwickeln begann. Diese jedoch war keineswegs eine eindeutig unchristliche Erfindung. Zwar sind die neuen ökonomischen Instrumente und Institutionen nicht christlich geprägt, aber die Gesinnung, die hinter dem Wirtschaften stand, hatte auch christliche, protestantische Wurzeln. Der lutherische Protestantismus hatte eine ganz neue Wertschätzung der bürgerlichen Berufsarbeit befördert und die Abkehr von der alten mönchischen Welt- und Wirtschaftsdistanz eingeleitet. Darüber hinaus hatte sich im calvinistisch-puritanischen Protestantismus Nordamerikas eine Mentalität herausgebildet, die im wirtschaftlichen Erfolg ein Zeichen göttlichen Segens erblickte.

Inzwischen hat sich die freie Marktwirtschaft – man kann auch sagen: der Kapitalismus – als einziges, alternativloses Wirtschaftsmodell durchgesetzt. Die meisten christlichen Kirchen haben sich darauf eingestellt und eingesehen, daß ihre Möglichkeiten sehr begrenzt sind, etwa gegen die Schattenseiten der Globalisierung Einfluß zu nehmen. Sie haben verstanden, daß keine andere Wirtschaftsform so effizient arbeitet und so großen Wohlstand hervorbringt. Von dieser Wohlstandsproduktion ist jeder abhängig, der sich – wie die christlichen Kirchen – für soziale Gerechtigkeit und die Förderung der Unterschichten einsetzt.

Ein Stachel aber bleibt. Das Grundmotiv des kapitalistischen Wirtschaftens ist das Eigeninteresse, das sich im Marktkampf gegen die Interessen anderer durchsetzt. Dies widerspricht dem Grundgedanken der christlichen Ethik, wonach der Grundmotor des Handelns die Nächstenliebe sein soll. Deshalb kann das Christentum nur vorläufig und unter Vorbehalt seinen Frieden mit der Marktwirtschaft machen.

Über den Gottesdienst

66. Warum sind die Kirchen heute so leer? Daß die Gottesdienste heutzutage so furchtbar schlecht besucht seien, ist eine verbreitete Klage. In der Tat, geht man an einem gewöhnlichen Sonntag in eine Kirche, kann es einem geschehen, daß man auf ein kleines, auf viele lange Bänke verstreutes Häuflein trifft. Zueinander und zum Pastor dort vorn scheinen sie keinen Kontakt zu haben. Ein gemeinsames Singen will nicht gelingen. Jeder Funke von Frömmigkeit wird ausgelöscht von einer drückenden, mächtigen Leere.

Im Schnitt sind evangelische Gottesdienste noch schlechter besucht als katholische. Das hängt mit einem anderen Verständnis des Gottesdienstes zusammen. Im Katholizismus gilt der Kirchgang als manifester Ausdruck des Glaubens. Daher nennt man dort die ernsthaft Überzeugten auch «praktizierende Katholiken», d. h. Katholiken, die ihren Glauben in der gottesdienstlichen Praxis ausleben. Den Begriff des «praktizierenden Protestanten» aber gibt es nicht. Denn nach protestantischem Verständnis ist der Glaube ein inneres Leben, das sich nicht notwendig in der Teilnahme am Gottesdienst ausdrücken muß. So können Protestanten sich selbst für ernsthaft überzeugte Christen halten, ohne sonntags zur Kirche zu gehen.

Wenn man aber nun darüber klagt, daß heute die Kirchen so leer seien, sollte man nicht meinen, daß es früher besser gewesen wäre. Denn diese Klage ist so alt wie die Kirchengeschichte. Besser gesagt, wird so geklagt, seitdem es keinen Kirchenzwang mehr gibt. Solange die Bevölkerung unter geistlich-sozialer Kontrolle stand, mußte sie sich sonntags in der Kirche zeigen. In manchen Regionen, wo die verfeindeten Konfessionen eng nebeneinander wohnten, ging man zudem regelmäßig zu seiner Kirche, um sich sichtbar von den anderen abzugrenzen. Aber seit dem späten achtzehnten Jahrhundert nahmen Kirchenzwang und Abgrenzungsbedürfnisse ab – schneller in Großstädten und protestantischen Gebieten, langsamer auf dem Land und in katholischen Regionen.

Allerdings läßt sich diese Entwicklung nicht genau beschreiben. Denn verläßliche Statistiken über den Gottesdienst sind offenbar erst seit 1945 geführt worden. Aber die Selbstzeugnisse vieler Geistlicher weisen schon weit vorher auf einen nur sehr mäßigen Kirchgang hin. So klagte schon 1842 ein Hamburger Hauptpastor: Der Gottesdienst sei «die schwächste Seite unseres kirchlichen Lebens. Im ganzen läßt es sich nicht leugnen, daß der Kirchbesuch eine herrschende Sitte bei uns nicht mehr ist.» Er selbst habe sich «seit mehr als 15 Jahren alle Woche zwei Tage mit der gewissenhaften Sorgfalt dieser Arbeit gewidmet», sehe aber nun, «statt der frühern Hunderte, als merkliche Abnahme des kirchlichen Sinns, 5 oder 6 vor sich; diejenigen natürlich nicht zu rechnen, die mit Handwerkszeug, Tragkörben etc. oder sonst aus müßiger Neugier auf zwei Minuten während der Predigt durch die offenen Thüren ein- und auslaufen.» Und ein Kollege schätzte 1857, daß höchstens drei Prozent der Gesamtbevölkerung Hamburgs die Gottesdienste besuchten.

Doch nicht nur die Quantität des Gottesdienstbesuchs hat sich deutlich verändert, sondern auch die Art. Seit dem späten achtzehnten Jahrhundert hat sich – vor allem unter Protestanten – ein selektiver Kirchgang herausgebildet. Man geht nicht einfach nur, weil gerade Sonntag ist, sondern man geht gezielt zu bestimmten Festen (Weihnachten, Ostern, Erntedank oder Ewigkeitssontag), zu besonders gestalteten Gottesdiensten (für Kinder, mit Bachkantate oder Jazz), zu Gedenkfeiern bei aufwühlenden Unglücksfällen (Naturkatastrophen oder Terrorakten) und zu geschätzten Predigern. Das ist einleuchtend. Man will schließlich nicht einer bloßen rituellen Pflicht genügen, sondern aus guten Gründen in die Kirche gehen.

Es besteht also kein Anlaß, die gute alte Zeit zu verklären. Im Gegenteil, das, was heute als «Gemeindeleben» bekannt ist und zu einem festen Stamm von Gottesdienstbesuchern geführt hat, ist ein Produkt der Gemeindebewegungen des späten neunzehnten und frühen zwanzigsten Jahrhunderts. Die Gottesdienste sind heute also tendenziell genauso gut oder schlecht besucht wie früher.

67. Warum finden so wenige Menschen einen Zugang zum Gottesdienst? Das Zentrum des Christentums, der Gottesdienst, ist vielerorts verwaist. Und selbst dort, wo er noch «funktioniert», finden immer weniger Menschen einen eigenen Zugang zu ihm. Dafür gibt es eine ganze Reihe von äußeren und inneren Gründen. Zunächst fehlt der – mal härtere, mal weichere – äußere Druck. In Westeuropa wird der Kirchgang nicht von einem erwartet wie etwa in weiten Teilen der Vereinigten Staaten. Im Gegenteil, eher muß man damit rechnen, Erstaunen und Befremden auszulösen, wenn man vom Gottesdienstbesuch am vergangenen Sonntag erzählt.

Ein weiterer Grund dafür, daß der Kirchgang nicht selbstverständlich ist, liegt in der Veränderung der Zeiten. Arbeits- und Ruhephasen lassen sich nicht so eindeutig und allgemeingültig voneinander unterscheiden wie früher. Der Sonntagvormittag ist nicht mehr der eine Moment der Ruhe und Stille für alle. Zudem hat sich das Freizeitverhalten rasant verändert. Es ist schneller, abwechslungsreicher und beweglicher geworden. Das erschwert eine gemeinsame Verabredung für die klassische Gottesdienstzeit «Sonntag 10 Uhr».

Wichtiger aber sind innere Gründe. Die bewußte Teilnahme an einem Gottesdienst setzt eine gewisse Bildung und Übung voraus. Wo diese nicht mehr von Generation zu Generation weitergegeben wird, ist es kaum möglich, sie durch kirchlichen Unterricht herzustellen. Die Familie und die Schule, die früher ganz selbstverständlich religiöses Wissen und rituelles Training vermittelt haben, erfüllen diese Aufgabe kaum noch. Die Kirche ist überfordert. Denn sie

Über den Gottesdienst 111

lebt von Bildungsvoraussetzungen, die sie allein nicht herstellen kann.

Aber nicht nur die Voraussetzungen haben sich verändert, sondern überhaupt die Formen des Sehens, Hörens und Verstehens. Das kulturelle Leitmedium ist heute das Fernsehen. Die Zuschauer sind eine schnelle Folge von akustischen und visuellen Reizen gewohnt. Lange Phasen der konzentrierten und intensiven Wahrnehmung eines einzigen Bildes oder eines gedanklichen Gegenstandes werden kaum noch ertragen. Der Gottesdienst muß da zwangsläufig alt und langweilig wirken. Er ist seinem Wesen nach unsensationell und reizarm. Er lebt von Wiederholungen, einer bewußt gewollten Monotonie, jedenfalls nicht von einmaligen Überwältigungseffekten. Er lebt außerdem – vor allem im Protestantismus – von der Bereitschaft der Besucher, einer längeren und – hoffentlich – gedankenreichen Predigt zu folgen, also fromme Gehirnarbeit zu leisten.

Auf dieses Problem haben als erste US-amerikanische Freikirchen reagiert, indem sie den Gottesdienst mit Elementen der Fernsehunterhaltung angereichert haben. Als da wären: Themenschwerpunkte, Popmusik, Moderatoren, Talkshow-Elemente. Auch der vorletzte Papst, Johannes Paul II., hatte sich auf das Fernsehzeitalter eingestellt, indem er seine großen Messen als Massen-Events inszenierte mit Sakro-Pop, begeisterten Fans und sich selbst als Stargast. Diese Strategie ist zum Teil erfolgreich. Allerdings verletzt sie nicht selten gewisse Stilgrenzen. Zudem droht sie dem Gottesdienst etwas ganz Wesentliches zu nehmen: das Leisewerden, die Stille, die Nachdenklichkeit. Fernsehgottesdienste können kaum das werden, was Gottesdienste sein sollten: Konzentrationspunkte des geistlichen Lebens.

Wie aber ließe sich die daniederliegende Gottesdienstkultur wieder aufrichten? Ein Patentrezept gibt es nicht. Aber ein Schritt könnte darin bestehen, daß man den Gottesdienst stärker als eine ästhetische Gestalt versteht. Das hätte zur Folge, daß man sich mehr Mühe mit dem Raum, der Form, der Sprache und der Musik gibt, daß man sich um einen stimmigen, ansprechenden Stil bemüht. Ein solcher Stil müßte beides miteinander verknüpfen: alte und neue Formen, Archaisches und Modernes, Fremdes und Populäres. Einen solchen Stil aber könnte ein einzelner nicht entwickeln. Um so wichtiger wäre es, daß der Pastor den Gottesdienst nicht allein in seinem stillen Kämmerlein, sondern gemeinsam mit anderen vorbereitete und feierte.

68. Ist ein heutiger Gottesdienst noch mit dem urchristlichen Kult zu vergleichen? Nach allem, was man über die Gottesdienste der ersten Christen weiß, waren diese sehr frei und regellos. Doch schon bald bildete sich eine gewisse Zeremonie heraus mit Gebeten, Gesängen, Verkündigungen und Mahlfeiern. Je mehr die Einflüsse der antiken Mysterienkulte und des antiken Opfergedankens wirksam wurden, um so klarer und strenger wurde die Form. Gemeinde und Kultakteure traten auseinander.

Als sich das Christentum als Staatsreligion durchgesetzt hatte, nahm ein Brauch ab, der für den frühchristlichen Gottesdienst charakteristisch war: die Teilung in einen öffentlichen und einen nichtöffentlichen Teil. Beim öffentlichen Teil versammelte sich die Gemeinschaft der Getauften mit denjenigen, die sich zwar zur Gemeinde hielten, aber noch nicht getauft waren. Zum eigentlich sakramentalen Teil wurden diese hinausgewiesen. Diese Teilung verlor ab dem Zeitpunkt ihren Sinn, als die überwiegende Mehrheit der Gottesdienstbesucher schon – von Kindheit an – getauft war.

Was sich jedoch gehalten hat, ist die Unterscheidung zweier Schwerpunkte des Gottesdienstes: Verkündigung und Sakrament. Je nach Konfession und Überzeugung werden sie anders gewichtet und zugeordnet. In den Kirchen der Antike und des Mittelalters wurde die Eucharistie zum Zentrum des Geschehens. Die Predigt wurde – wie heute noch in den Kirchen des Ostens – nur kurz und fast beiläufig eingefügt, wenn man sie nicht ganz wegließ. Eine deutliche Aufwertung erfuhr die Predigt zunächst durch die mittelalterlichen Bettelmönche, dann aber vor allem durch die Reformation. Der Predigt oblag es, der Gemeinde die Botschaft in Kopf und Herz zu gießen, daß Gott den Menschen ohne alle – kultischen – Werke mit sich versöhnt. Doch ganz ohne rituelle Handlungen wollte Luther nicht auskommen. Er wertete nicht nur die Predigt auf, sondern pflegte weiterhin eine konservative Abendmahlspraxis. Er ließ bei seiner Reform des Gottesdienstes die Grundform der alten Messe unangetastet. Nur alle Hinweise auf Opfertheologie und «Werkgerechtigkeit» tilgte er. Zudem beförderte er die Beteiligung der Gemeinde, indem er dem gemeinsamen Choralgesang großen Raum gab und auch selbst neue Lieder dichtete. Der lutherische Gottes-

Über den Gottesdienst 113

dienst ist also ein Kompromiß, eine Mischung aus Elementen der antiken und der mittelalterlichen Messe sowie aus neuen, genuin protestantischen Bestandteilen.

Sehr viel radikaler griff Calvin in das gottesdienstliche Leben ein. Denn nach seiner Auffassung sollten sich alle Elemente des Gottesdienstes direkt biblisch begründen lassen. Deshalb ließ er die Kirchen leer räumen. Nicht nur wurden alle Heiligen- und Marienbilder entfernt, sondern auch die Orgel und sogar der Altar. Die Kirchen wurden nicht mehr als heilige Räume, sondern als bloße Versammlungsorte der Gemeinde angesehen. Die alte Messe schaffte Calvin daher ersatzlos ab. Seine Form des Gottesdienstes bestand ausschließlich aus Predigt, Gebeten und Psalmgesängen. Das Abendmahl wurde nur noch viermal im Jahr gefeiert.

In der Folgezeit kam es zu wechselnden Pendelschlägen zwischen der Verkündigung und dem Sakrament, zwischen dem rationalen und dem liturgischen Pol, und zwar sowohl im Katholizismus wie im Protestantismus. Beim letzteren sorgten vor allem die Aufklärung und der Pietismus für eine Konzentration des Gottesdienstes auf die Predigt. Verschiedene liturgische Erneuerungsbewegungen des neunzehnten und zwanzigsten Jahrhunderts jedoch versuchten, den Sakramentsteil aufzuwerten, und belebten alte Gottesdienstformen von neuem. In der katholischen Kirche herrschte lange eine strikte Ausrichtung auf die Sakramentsfeier vor – und zwar in einer betont traditionellen Form. Das 2. Vatikanische Konzil (1962–1965) setzte hier ganz neue Akzente. Es förderte die Beteiligung der Gemeinde. Indem es die lateinische Sprache aus der Kirche verbannte und die Landessprache an ihre Stelle setzte, bekräftigte sie, daß der Gottesdienst «verständlich» sein müsse. Heute, über eine Generation später, wird diese «Entzauberung» des katholischen Gottesdienstes von vielen bedauert.

Der christliche Gottesdienst hat nicht nur eine Mitte, sondern ist wie eine Ellipse auf zwei Pole bezogen: das Sakrament und die Verkündigung, das Rituelle und das Rationale. Die Zukunft des Gottesdienstes dürfte sich nicht zuletzt an der Frage entscheiden, ob es gelingen wird, beide miteinander zu verknüpfen, also eine Form zu finden, welche den christlichen Glauben verständlich und gegenwartsnah vermittelt und zugleich das Geheimnis des Glaubens in seiner altertümlichen Schönheit anschaulich werden läßt.

69. Welche Fremdwörter muß man kennen, um einen Gottesdienst zu verstehen?
«Liturgie», griechisch für «öffentlicher Dienst», Terminus für Ordnung und Gestaltung des Gottesdienstes.

«Gloria patri», lateinisch für «Ehre sei dem Vater (und dem Sohn und dem heiligen Geist)», Gesang nach der Psalmlesung.

«Kyrie eleison», griechisch für «Herr, erbarme dich».

«Gloria in excelsis», lateinisch für «(Allein) Gott in der Höh' sei Ehr (und Dank für seine Gnade)», Gesang vor dem ersten Gebet.

«Halleluja», hebräisch für «Lobet den Herrn», Jubelruf nach der ersten Lesung.

«Credo», lateinisch für «Ich glaube», Anfang des Glaubensbekenntnisses.

«Kollekte», lateinisch für «Sammlung», Einsammlung des Dankopfers.

«Amen», hebräisch für «So sei es», bekräftigender Gebetsabschluß.

70. Wie lange sollte ein Gottesdienst dauern? Sag mir, wie lange dein Gottesdienst dauert, und ich sage dir, welches Geistes Kind er ist.

In den orthodoxen Kirchen des Ostens dauert ein richtiger Gottesdienst drei bis vier Stunden. Die Feier der göttlichen Liturgie des Johannes Chrysostomus braucht einen langen Atem und ein beachtliches Standvermögen. Denn Sitzgelegenheiten sucht man in diesen Kirchen vergeblich. Die Gemeinde steht und betrachtet das heilige Schauspiel, d. h. diejenigen Teile, die vor ihren Augen vollzogen werden. Wesentliche Bestandteile der Liturgie gelten als so heilig, daß sie hinter einer Ikonostase, d. h. einer Bilderwand, im Allerheiligsten gefeiert werden. Doch die Trennung der liturgischen Räume – hier die Gemeinde, dort die Priester am Altar – dient nicht allein der Distanzierung der Gemeinde, sondern bietet auch die Gelegenheit für vielfältige Auf- und Abgänge der prächtig gewandeten Kleriker, die einen großen Schauwert besitzen. Einen großen Hörgenuß bieten die fast durchgängigen Gesänge des Chors und der Kleriker – die Gemeinde singt keine Lieder, sondern nur das Glaubensbekenntnis und das Vaterunser. Diese – zunächst vielleicht monoton klingenden – Gesänge ergeben gemeinsam mit all dem, was es zu schauen gibt – Ikonen, Gewänder, goldene Wände und Decken – eine große religiöse Oper oder besser gesagt: einen heiligen Raum und eine

Über den Gottesdienst 115

heilige Zeit. Der Gottesdienst ist hier weit mehr als nur eine fromme Gemeindeversammlung, nämlich die Vergegenwärtigung Gottes, ein Abbild und Abglanz seines ewigen Lebens, ein regelrechtes Stück Himmel auf Erden. Und dafür sind drei bis vier Stunden eigentlich recht knapp bemessen.

Anders ist es in Westeuropa, besonders im Protestantismus. Hier ist der Gottesdienst eine Unterbrechung des Alltags, die für das Leben in diesem Alltag neue Kraft und Orientierung geben soll. Deshalb erscheint der Gottesdienst als vergleichsweise profan. Auch ist er kürzer, um die Gemeinde schneller wieder in das «normale» Leben zu entlassen. Gottesdienst wird nicht verstanden als Dienst der Gemeinde an Gott, sondern als Dienst Gottes an der Gemeinde. Er nimmt entsprechend mehr Rücksicht auf die Bedürfnisse und Gewohnheiten der Gläubigen. Für diese sind 60 Minuten das normale Zeitmaß. Kaum jemand von ihnen könnte noch einer ein- bis zweistündigen Predigt lauschen, wie ihre Vorfahren im siebzehnten und achtzehnten Jahrhundert es noch gewohnt waren. Dies liegt auch daran, daß die Hörgewohnheiten sich in der modernen Mediengesellschaft verändert haben. Die Spanne der Aufmerksamkeit ist erheblich kürzer geworden. Deshalb folgen Prediger zumeist der Maxime: Eine Predigt kann über alles gehen, nur nicht über zwanzig Minuten.

Ganz ähnlich verhält es sich beim westeuropäischen Katholizismus. Auch hier wurde der Gottesdienst auf eine «verträgliche» Länge gekürzt. Traditionellerweise ist der Abendmahlsteil im Vergleich zum evangelischen Gottesdienst länger und die Predigt kürzer. Da aber zum einen viele evangelische Pastoren heute deutlich kürzer predigen als ihre Vorgänger und zum anderen evangelische Gemeinden viel häufiger als früher das Abendmahl feiern, relativieren sich die Unterschiede zwischen katholischen und evangelischen Gottesdiensten.

71. Was ist ein Sakrament? Die katholische Kirche kennt sieben Sakramente (lateinisch für «Weihehandlung»): Taufe, Firmung, Eheschließung, Krankensalbung, Buße, Eucharistie und Priesterweihe.

Die evangelische Kirche kennt zwei heilige Handlungen. Denn nur die Taufe und das Abendmahl erfüllen die beiden evangelischen Kriterien eines Sakraments, nämlich daß es der Bibel zufolge von

Jesus Christus gestiftet worden ist und daß es aus einem dinglichen Zeichen – Wasser bzw. Brot und Wein – sowie einem geistlichen Wort – trinitarische Taufformel («Ich taufe dich im Namen Gottes des Vaters, des Sohnes und des Heiligen Geistes») bzw. Einsetzungsworten («Unser Herr Jesus Christus, in der Nacht da er verraten ward, nahm er das Brot ...») – besteht.

Am Abendmahl zeigen sich die Unterschiede zwischen den Kirchen. Viele Kirchen lassen die Glieder anderer Kirchen zu ihren Eucharistiefeiern nicht zu. Die Taufe dagegen ist ein ökumenisches Sakrament. Die meisten Kirchen erkennen die Taufen der anderen Kirchen an.

72. Wann sollte man sich taufen lassen? Im Unterschied zum Abendmahl wird die Taufe nur einmal im Leben gefeiert. Wann sollte dies geschehen? In der Antike war die Erwachsenentaufe die Regel. Manchmal allerdings ließen sich auch ganze Familien – Erwachsene und Kinder – taufen. Unter bestimmten Ständen und Berufsgruppen jedoch gab es auch die Gewohnheit, sich sehr spät, teilweise sogar erst auf dem Sterbebett taufen zu lassen. Denn nach damaliger Auffassung war die Taufe der Eintritt in ein ganz neues, sündloses Leben. In der Gestaltung der Taufe zeigte sich dies in der förmlichen Absage an den Teufel sowie in der Einkleidung der Getauften mit weißen Linnengewändern. Da manche – z.B. Soldaten und Politiker – davon ausgehen mußten, daß sie sich von Berufs wegen nach der Taufe wieder beschmutzen und damit die Taufgnade verlieren würden, schoben sie die Taufe möglichst weit hinaus.

Ab dem sechsten Jahrhundert setzte sich allmählich die Kindertaufe durch, besser gesagt: die Taufe der Säuglinge. Denn man befürchtete, ungetaufte Säuglinge liefen – man bedenke die damalige Kindersterblichkeit – Gefahr, bei einem vorzeitigen Tod in ewiges Unheil zu fallen.

Luther behielt die Kindertaufe bei, gab ihr aber einen neuen theologischen Sinn: Die Taufe von Säuglingen, die von sich aus noch nichts leisten können, zeige besonders eindrücklich, daß Gott dem Menschen ohne dessen «Werke» das Heil zuteil werden lasse.

Gegen die Kindertaufe protestierte der «linke Flügel» der Reformation. Die «Wiedertäufer» betonten, daß der Eintritt in die christliche Gemeinschaft aufgrund einer eigenen, bewußten Ent-

Über den Gottesdienst 117

scheidung erfolgen müsse. Deshalb müßten alle, die als unmündige Säuglinge getauft worden waren, sich «wieder» taufen lassen. Im baptistischen und freikirchlichen Protestantismus wird man in der Regel als Jugendlicher getauft, also nach dem Erreichen der Religionsmündigkeit.

In diesem Alter wird im landeskirchlichen Protestantismus die Konfirmation gefeiert. In ihr bestätigen die als Kinder getauften Jugendlichen aufgrund einer eigenen Entscheidung und nach einem längeren Unterricht ihre Taufe. Diese Sitte war von der Aufklärung und vom Pietismus im achtzehnten Jahrhundert durchgesetzt worden.

73. Wie sollte man das Abendmahl zu sich nehmen? Nach biblischem Bericht hatte Jesus das letzte Abendmahl mit seinen Jüngern folgendermaßen gefeiert:

In der Nacht, als er verraten wurde, nahm er das Brot, dankte und brach's und gab es ihnen und sprach: «Nehmet hin und esset. Das ist mein Leib, der für euch gegeben wird. Solches tut zu meinem Gedächtnis.» Desgleichen nahm er auch den Kelch nach dem Abendmahl, gab ihnen den und sprach: «Nehmet hin und trinket alle daraus. Dieser Kelch ist der neue Bund in meinem Blut, das für euch vergossen wird zur Vergebung der Sünden. Solches tut, so oft ihr's trinket zu meinem Gedächtnis.» (vgl. Matthäus 26,26 ff)

In der weiteren Christentumsgeschichte bildeten sich unterschiedliche Abendmahlsbräuche. Manche waren Reaktionen auf Mißbräuche oder Folgen bestimmter Befürchtungen. In der katholischen Kirche wurde der Kelch den Priestern vorbehalten, wahrscheinlich aus Angst, die Laien könnten das «Blut Christi» verschütten. Oft scheinen die Laien aus heiliger Scheu den Kelch von sich aus gemieden zu haben. Die Oblate, der «Leib Christi», wurde den Gläubigen auch nicht in die Hand, sondern direkt in den Mund gelegt.

In den Ostkirchen gab es eine vergleichbare Entwicklung. Aus Angst, einige könnten mit der Oblate Unfug treiben – sie mit nach Hause nehmen, den Schweinen geben oder gar für magische Zwecke mißbrauchen –, wurde das Brot den Gläubigen nicht mehr direkt gegeben. Statt dessen wurden die Brotstücke in den Kelch getan. Die Gläubigen treten also vor, nennen ihren Taufnamen, ein Helfer hält ihnen ein Tuch unter den Mund, der Priester holt mit einem golde-

118   *Über den Gottesdienst*

nen Löffel ein weindurchtränktes Brotstück aus dem Kelch und «füttert» den Gläubigen.

Die Reformatoren gaben den Laien den Kelch zurück. Seitdem wird im Protestantismus das Abendmahl «in beiderlei Gestalt» ausgeteilt. Allerdings kam es auch hier zu Einschränkungen, diesmal jedoch nicht aus heiliger Scheu, sondern aus hygienischen Gründen – oder was man dafür hält. Mit steigender Zivilisiertheit wurde das gemeinsame Trinken aus einem Kelch zum Problem. Man ekelte sich und befürchtete Ansteckungen. Das führte zu folgenden Sitten: In einigen Gemeinden wird der Wein in «Einzelkelchen» – Schnapsgläsern vergleichbar – gereicht. In anderen trinken die Gläubigen nicht aus dem Kelch, sondern tunken die Oblate in den Wein ein. In wieder anderen wird der Kelch in kurzen Abständen aufwendig gereinigt, was dazu führen kann, daß der Wein vornehmlich nach «Sagrotan» schmeckt.

Eine weitere Sondersitte des modernen Protestantismus ist die Ersetzung des Weins durch Traubensaft. Begründet wird dies mit der Sorge, Alkoholiker würden ansonsten nicht am Abendmahl teilnehmen, um sich die «Peinlichkeit» zu ersparen, den Kelch offen zu meiden. Es wäre aber zu fragen, wo denn sonst «trockene Alkoholiker» ohne Scham ihre Krankheit zeigen können sollten – wenn nicht in der Kirche.

74. Dürfen Frauen in der Kirche sprechen? Jesus hat nicht nur Jünger um sich gesammelt, sondern auch Jüngerinnen. In der Urgemeinde spielten geistbegabte Frauen eine große Rolle. Doch von den neuen Ämtern der entstehenden Kirchen blieben die Frauen ausgeschlossen. «Priesterinnen» erschienen als undenkbar. Neben der patriarchalischen Lebensordnung mögen hier alte heidnische Vorstellungen von der «Unreinheit» der Frauen – man denke an die Monatsblutung – ein Grund gewesen sein, weshalb man meinte, Frauen seien für den Dienst am Altar nicht zu gebrauchen. Zudem beriefen sich die Männer auf einen Ausspruch des Apostels Paulus, wonach «die Frauen in der Gemeindeversammlung schweigen sollen» (1. Brief an die Korinther 14,34). Man unterließ es aber zu berücksichtigen, daß diese Bemerkung keineswegs eine prinzipielle Äußerung, sondern eine Reaktion auf eine besondere Situation in einer zerstrittenen Gemeinde war.

In den meisten Kirchen sind Priesterinnen und Predigerinnen

Über den Gottesdienst 119

immer noch unvorstellbar. Lediglich im aufgeklärten Protestantismus werden Frauen inzwischen – nach langen Kämpfen und unter Mühen – als gleichberechtigte Gemeindeglieder anerkannt, denen folglich – zumindest im Prinzip – alle Ämter offenstehen.

75. Inwiefern wirkt ein Kirchengebäude orientierend? Nicht nur der Gottesdienst hat die Aufgabe, den Menschen neu auszurichten. Auch die Gebäude, in denen er gefeiert wird, sollen orientierend wirken. Sie tun dies schon aus der Ferne durch ihre Türme. Deren Funktion besteht nicht allein darin, daß sie die Glocken in die Höhe heben, wodurch sich deren Schall besser entfalten kann. Indem sie die profane Architektur überragen und spitz nach oben zulaufen, sollen sie die Blicke und Gedanken der Menschen ins Himmlische weisen. Dieser Ausrichtung dient auch der Innenraum einer Kirche. Schon die Höhe der Decke und die Weite des Raums, der frei ist von allen praktischen Funktionen – hier wird nichts hergestellt, verwaltet oder gehandelt –, sollen ein Empfinden von Freiheit eröffnen, das den Menschen im tieferen Wortsinn zur Besinnung kommen läßt.

In der Grundform des Kirchbaus wird der Weg des Glaubens architektonisch abgebildet. Man betritt die Kirche zumeist über einige Stufen. Das symbolisiert den Aufstieg zur Dimension des Heiligen. Früher stand gleich am Eingang das Taufbecken als Zeichen dafür, daß die Taufe das Eingangstor zum christlichen Leben darstellt. Anschließend nimmt man Platz im Hauptschiff des rechteckigen Langbaus. Dies ist der Ort der Gemeinde, ein Ort der Erwartung und der vorbereitenden Kommunikation – durch Predigt, gemeinsames Singen und Beten. Die Gemeinde bereitet sich vor auf den Weg zum Altar. Dieser steht in der Apsis, der an die östliche Schmalseite des Kirchenschiffes angefügten, abschließenden Rundung der Kirche. Die Gemeinde schaut also nach Osten, in das Licht des neuen Tages – ein Zeichen für den auferstandenen Jesus Christus («ex oriente lux»). Die Ostung der Kirche selbst wirkt also «orientierend». Die Apsis ist zumeist heller getönt. Die Gemeinde schaut aus dem Dunklen ins Helle. Nach der Predigt kommen die Gläubigen nach vorn, steigen einige Stufen zum Altarraum und stehen nun vor dem Altar, dem Sinnbild der Gegenwart Gottes. Hier werden sie «gesättigt». Anschließend gehen sie wieder hinunter in das Hauptschiff. Nach dem Segen drehen sie sich um und kehren wieder zurück in ihr alltägliches Leben.

76. Warum hat die Kirche eine eigene Zeitrechnung? Das Leben des Menschen folgt dem Rhythmus der Natur und den Vorgaben des Kalenders. Das Leben der Kirche folgt dem Rhythmus ihrer Feste und den Vorgaben ihrer Heilsgeschichte. Neben und hinter dem Kalender steht das Kirchenjahr, das sich nicht in zwölf Monate mit jeweils etwa vier Wochen gliedert, das nicht am 1. Januar beginnt und auch nicht am 31. Dezember endet.

Das Kirchenjahr hat sich langsam entwickelt. Den ersten Fixpunkt bildete die Festperiode des Passah. Das jüdische Passahfest wurde verchristlicht, indem es auf das Leiden Christi bezogen wurde. Es war eine Zeit des Fastens und der Taufvorbereitung. Die Feier der Auferstehung Christi war noch nicht Gegenstand des frühchristlichen Passah. Diese gehörte in die Festperiode des Pentekoste, eine fünfzigtägige Freudenzeit, die am Ostermorgen begann und bis Pfingsten reichte. In Ägypten entstand ein davon unabhängiges Fest. An Epiphanias (griechisch für «Erscheinung») feierte man die Geburt, aber auch die Taufe Christi.

Seit dem vierten Jahrhundert ist der Ostersonntag aus der Pentekoste- in die Passahzeit verlegt und bildet Abschluß und Ziel der Passionszeit. Diese wurde immer weiter ausgestaltet und mit einzelnen Zwischenhöhepunkten angereichert. Die letzte Woche wird so durch den Palmsonntag eröffnet, indem man des Einzugs Christi in Jerusalem gedenkt. Am Gründonnerstag vergegenwärtigt man sich das letzte Abendmahl Jesu mit seinen Jüngern und am Karfreitag – traditionellerweise der höchste Feiertag der Protestanten – den Kreuzestod Jesu. In der Nacht vom Karsamstag zum Ostermorgen wird ein besonderer Gottesdienst gefeiert, die Osternacht, in der man das Kommen des Osterlichts erwartet. Dies ist von altersher der wichtigste Tauftermin. Die Ausgestaltung der Passah- und die Ausschmückung der Osterzeit ging auf Kosten der Pentekosteperiode. Diese wurde zusammengezogen auf das Pfingstfest, das nun die österliche Zeit abschließt.

Deutlich später kam das Weihnachtsfest auf, anfänglich auch als Ersatz für die heidnisch-römischen Freudenfeste zur Wintersonnenwende. Dieses abendländische Fest – begangen am 25. Dezember – verband sich mit dem morgenländischen Epiphanias. Letzteres verlor an Bedeutung und verwandelte sich zum Gedenktag an die Anbetung Jesu durch die Magier – besser bekannt als die heiligen drei Könige.

Über den Gottesdienst 121

Mit diesen Hauptfesten hatte das Kirchenjahr seine Eckpfeiler gefunden. Es beginnt mit dem Advent, der Vorbereitung auf Weihnachten. Dieses mündet – nach dem säkularen Zwischenhöhepunkt des Jahreswechsels – in das Epiphaniasfest. An dieses schließt sich die siebenwöchige Passionszeit an, die in das Osterfest führt. Die nachösterliche Zeit geht über Himmelfahrt bis Pfingsten. Die Zeit nach Pfingsten ist vergleichsweise wenig gestaltet. Das Trinitatisfest, das die göttliche Dreifaltigkeit zum Gegenstand hat, hat sich selbst innerhalb der Kirche kaum eingeprägt. Erst gegen Ende der langen Trinitatiszeit – zum Herbst und beginnenden Winter hin – gibt es wieder besondere Feste und Gedenktage: Erntedank, Buß- und Bettag, Volkstrauertag sowie – als Abschluß des Kirchenjahrs – der Ewigkeitssonntag.

Die katholische Kirche reichert diesen Jahreskreis noch durch Marien- und Heiligenfeste an. In der evangelischen Kirche werden immer mehr Tage zum Gedenken an die Opfer des Zweiten Weltkriegs, die Ermordung des europäischen Judentums und den deutschen Widerstand in das Kirchenjahr integriert.

Über die Frömmigkeit

77. Wie wirkt ein Gebet? Für den amerikanischen Schriftsteller Ambros Bierce ist Beten «das Verlangen, daß die Gesetze des Universums zu Gunsten eines einzelnen Bittstellers aufgehoben werden, der selbst bekennt, unwürdig zu sein».

Es gibt vier Formen des Gebets: die Bitte, den Dank, das Lob und die Klage. Das Bittgebet ist die natürlichste, verbreitetste und zugleich schwierigste Form des Gebets. Am klarsten hat dies Friedrich Schleiermacher formuliert. Er besaß einen frommen Widerwillen gegen das Bittgebet. Denn es sei doch nur der Versuch, Gottes Willen zu beugen, Gott für die eigenen Zwecke einzuspannen. Dahinter stecke die magische Vorstellung, ein Gebet könnte direkt auf Gott einwirken.

Wer wollte leugnen, daß in vielen Gebeten ein tiefer Egoismus steckt? Man denke nur an all die ungezählten Kriegsgebete. Aus den verfeindeten Lagern stiegen gleichzeitig Gebete in den Himmel, die um Sieg und die Vernichtung des Gegners baten. Viele Bittgebete versuchen, Gott zu einem Erfüllungsgehilfen für egoistische An-liegen zu machen. Viele Betende liegen Gott in den Ohren, feilschen mit ihm und versuchen, ihn zu etwas zu überreden, das ihm eigent-lich widersprechen müßte.

Schleiermacher hat darum das Bittgebet streichen und aus dem Gottesdienst verbannen wollen. Eine ehrliche Konsequenz, die aber vorbeigeht an menschlichen Grundbedürfnissen. So leicht läßt sich das Bitten nicht verbieten. Denn der Mensch ist ein bedürftiges Wesen. Ihm fehlt so vieles. Er lebt in Ängsten und weiß sich nicht zu helfen. Deshalb schreit er um Hilfe und betet. Das Bittgebet ist also unvermeidlich. Aber wie sieht ein christliches Bittgebet aus? Um eine direkte Einflußnahme auf Gott kann es nicht gehen. Das wäre magisch, egoistisch und unfromm. Außerdem entspräche es nicht der normalen Lebenserfahrung. Denn wie oft hat man um etwas gebeten, und nichts ist geschehen?

Das Urbild des christlichen Bittgebets ist das Vaterunser. Es be-steht aus sieben Bitten, von denen aber nur diejenige um das tägli-che Brot eine Bitte im strengen Sinn ist. Die anderen bitten um – ja um was eigentlich? «Geheiligt werde dein Name, dein Reich komme, dein Wille geschehe» (Matthäus 6,9 f). Man bittet Gott, das zu tun, was er sowieso vorhat. Diese Bitten sind so zu verstehen, daß sie nicht Gott an seine eigenen Vorhaben erinnern, sondern daß man selbst in diese Vorhaben miteinbegriffen wird. Gottes Reich kommt auch ohne das Gebet von selbst, aber man bittet, daß es auch zu einem selbst komme. Im Vaterunser bittet der Christ um Einver-ständnis mit Gott. Er versucht, sich einzuschwingen in seinen Wil-len. Das ist das Geheimnis des christlichen Bittgebets: der Zusam-menklang mit dem Göttlichen, die positive Aufhebung des eigenen Willens, die Erfüllung des eigenen im göttlichen Willen, damit man ihm gegenüber nicht ein fremder Bettler bleibt, sondern sein Freund wird, der sich mit ihm eins weiß. Dies zu «bewirken», ist das eigent-liche Ziel des Betens.

78. Kann man das Beten üben? Alle höheren Tätigkeiten müssen geübt werden. Ein Musikinstrument etwa kann man nicht schon beim ersten Zugriff spielen. Erst nach einer längeren Zeit des Lernens beherrscht man es, und nur nach intensivem Training widerfährt dem Spielenden das Glück des Musizierens. Ebenso ist es mit dem Beten. Es erschließt sich nicht beim ersten Mal – so wie man

Über die Frömmigkeit 123

den Sinn des Gottesdienstes kaum bei einem einzigen, zufälligen Besuch erfahren kann. Das Beten lebt von einer gewissen Regelmäßigkeit. Denn oft genug wird man beim Beten wenig oder nichts verspüren. Es bedarf einer – freiwilligen – Disziplin, um die Erfahrung der religiösen Leere zu überwinden. Nicht, daß das Gefühl, wirklich in Kontakt mit Gott zu treten, das Ergebnis eigener Anstrengungen wäre – Gott offenbart sich aus freier Gnade. Aber der Mensch muß sich auf diese Offenbarung hin ausrichten. Aus diesem Grund haben sich – wie in allen Religionen – im Christentum viele Sitten ausgebildet, die dem persönlichen Beten Regelmäßigkeit und Stetigkeit verleihen sollen: das Tischgebet, der Rosenkranz, das abendliche Gebet am Bett der Kinder, das tägliche Gebet des Vaterunsers.

P. S.: Ein schönes, kluges Abendgebet für ältere Kinder, aber auch für Erwachsene lautet so:

> Der Abend ist gekommen, wir legen uns zur Ruh,
> Gott, schenk uns Deinen Frieden, die Sorgen decke zu.
> Sei auch bei allen Kranken und lindre ihren Schmerz.
> Zieh Du die Ruhelosen fest an Dein Vaterherz.
>
> Bewahre vor Gefahren, die unsre Nächsten sind.
> Laß Deine Engelscharen geleiten jedes Kind.
> Füll uns mit Deinem Schweigen im Schlafe diese Nacht.
> Nimm von uns, was die Seele so schwer und traurig macht.
>
> In Dir bin ich geborgen für eine lange Nacht.
> Du bist es, der am Morgen mich wieder singen macht.
> Dein Wille mir geschehe an jedem neuen Tag
> und, daß ich mit Dir gehe, was auch geschehen mag.

79. Gibt es noch andere Wörter für «Glauben»? Das deutsche Wort «Glauben» ist mißverständlich. Wenn man es neben Wörter wie «Wissen» und «Meinen» stellt, bezeichnet es eine besonders schwache Form des «Fürwahrhaltens». «Glauben» in dieser Hinsicht heißt «nicht wissen», also «nur glauben». Der christliche Glaube will aber kein unsicheres Fürwahrhalten irgendwelcher theologischen Lehren sein, sondern eine starke religiöse Überzeugtheit. «Glauben» in dieser Hinsicht heißt «gewiß sein». An Gott glauben bedeutet, sich seiner Liebe und Zugewandtheit gewiß zu sein, sich fest an ihn als den Grund und das Ziel des eigenen Lebens zu halten. Das schönste Synonym für «Glauben» lautet darum «Vertrauen».

80. Ist der christliche Glaube ein Kinderglaube? Kinder sind leichtgläubig – im doppelten Wortsinn. Realität und Phantasie sind für sie noch nicht streng geschieden. Märchen, Sagen und Mythen beschreiben für sie Wirklichkeiten. Darum fällt es ihnen leichter als Erwachsenen, an Gott zu glauben. So problematisch und vorläufig diese kindliche Leichtgläubigkeit auch ist, so besitzt sie doch einen eigenen christlichen Sinn. Denn durch die Offenheit, mit der sie alles Gute von Gott erwarten, und durch die Fähigkeit, ohne Vorbehalt Gott zu vertrauen, sind Kinder für Erwachsene Vorbilder des Glaubens.

Matthias Claudius hat es in der fünften Strophe seines berühmten Abendliedes *Der Mond ist aufgegangen* so ausgedrückt:

> Gott, laß dein Heil uns schauen,
> auf nichts Vergänglichs trauen,
> nicht Eitelkeit uns freun;
> laß uns einfältig werden
> und vor dir hier auf Erden
> wie Kinder fromm und fröhlich sein.

81. Wo kann man einen Schutzengel bestellen? Manche Bestseller tauchen in keiner Liste auf. Sie suchen sich ihren Weg im Verborgenen. Unbeachtet von den großen Medien und Geschäften erschließen sie sich ein großes, treues Publikum. Ein solcher Bestseller ist der kleine Bronzeengel, den der kirchennahe Verein «Andere Zeiten» vertreibt. Innerhalb der vergangenen fünf Jahre hat er sich über eine halbe Million Mal verkauft.

«Andere Zeiten» betreibt christliche Öffentlichkeitsarbeit – man könnte auch sagen: Volksmission – auf moderne Weise. Begonnen hat er mit der Fastenaktion «Sieben Wochen ohne». Dann ließ er einen Kalender folgen, der zu einem «Anderen Advent» anstiften sollte. Schließlich stellte er zum Milleniumswechsel einen kleinen Pappkoffer mit allerlei Devotionalien zusammen, die den Weg ins neue Jahrtausend erleichtern sollten. Darin enthalten: ein kleiner Engel aus Bronze, gerade groß genug, daß man seine Hand um ihn schließen kann. Er ist unscheinbar und – obwohl von einem

Über die Frömmigkeit 125

Katholiken gestaltet – von protestantischer Nüchternheit: eine stille Figur in Barlach-Manier, ein feines, aber nur angedeutetes Gesicht, ein schlanker Körper, umrahmt von Flügeln in Ruhehaltung, zwei Hände in vorsichtig-zurückgenommener Segenshaltung. Von der gegenwärtigen Engelmode hebt er sich ab. Er ist alles andere als eine Wohlfühlfigur. Mit seiner strengen Schlichtheit setzt er sich von kitschigen Konsumengeln ebenso ab wie von esoterischen Flügelwesen. Dennoch, bei aller Kargheit spricht er offenkundig viele Menschen an.

Inzwischen gibt es ein Lesebuch, in dem einige von ihnen die Geschichten erzählen, die sie mit ihrem Engel durchlebt haben: Mütter haben ihn ihren sterbenskranken Kindern mitgegeben; Unfallopfern wurde er von Notfallseelsorgern in die Hand gedrückt; Bundeswehrsoldaten wurde er geschenkt vor der Abreise in den Kosovo ... Diese oft ergreifenden Geschichten werden ganz unaufdringlich dargeboten, Zeugnisse einer tiefen religiösen Sehnsucht und einer – manchmal – überraschenden Erfahrung von Bewahrung und Geborgenheit. Hier wird kein neuer Kinderglaube – im schlechten Sinne – gepredigt, sondern davon berichtet, wie sich im intensiven Umgang mit einem christlichen Symbol neue Zugänge zum Glauben eröffnen: «Denn er hat seinen Engeln befohlen, daß sie dich behüten auf allen deinen Wegen, daß sie dich auf Händen tragen und du deinen Fuß nicht an einen Stein stoßest.» (Psalm 91,11 f)

82. Kann man Gott in der Natur begegnen?

Wie man die Natur betrachtet, hängt im letzten daran, wie man die Welt als ganzes anschaut. Es ist immer auch eine Sache der Weltanschauung, ob man beim Blick auf das Meer Ruhe empfindet oder Langeweile, ob man beim Betrachten des Sternenhimmels in Ehrfurcht versinkt oder einen das Grauen vor einem unendlichen Nichts überfällt, einem vor einer blühenden Pflanze die Kostbarkeit des Lebens aufgeht oder man an die Vergänglichkeit allen Seins denken muß. Wie man also die Natur erlebt, ist im Grunde eine Frage der eigenen religiösen Einstellung.

Das Christentum nun ist keine Naturreligion. Sein Gott ist kein Teil dieser Welt. Man kann ihm also eigentlich nicht in der Natur begegnen. Diese Grundeinsicht hat im antiken Christentum bei einigen Mönchen dazu geführt, daß sie dieser Welt zu entfliehen versuchten, um Gott schauen zu können. Sie zogen sich in lebensfeind-

liche Wüsten und düstere Klöster zurück und vermieden alle
Schönheiten der Natur, so wie der Teufel das Weihwasser scheut.
Doch dabei vergaßen sie, daß nach christlichem Glauben Gott diese
Welt aus Liebe geschaffen hat. Darum sollten Christen die Natur
nicht hassen, sondern schätzen, pflegen und genießen. Zum
Christsein gehört ganz wesentlich eine frohe Weltfrömmigkeit.

Diese hat ihren vielleicht schönsten Ausdruck in Paul Gerhardts
Choral *Geh aus, mein Herz* gefunden. In ihm spricht sich ein unbe-
fangener religiöser Weltgenuß aus. Dieses Lied fordert das eigene
«Herz» dazu auf, Freude zu suchen. Das «Herz» soll achtsam werden
für das, was am Wegesrand liegt und einfach nur schön ist. Dafür
ein Auge zu haben ist keineswegs selbstverständlich. Schon gar nicht
in der Mitte des siebzehnten Jahrhunderts, der Entstehungszeit
dieses Liedes, als Deutschland nach dem Dreißigjährigen Krieg in
Trümmern lag. Besonders nicht, wenn man sich die persönliche
Lage des Dichters vergegenwärtigt: Gerhardt schrieb dieses Lied
für seine Frau, nachdem eines ihrer Kinder verstorben war. Vor diesem dunklen Szenario entfaltet Gerhardts Lied eine erstaunliche,
befreiende Heiterkeit. Es ist das Lied eines Neuanfangs, des Ver-
suchs, sich nicht von der katastrophalen Vergangenheit und der
verdüsterten Zukunft gefangennehmen zu lassen, sondern den Weg
ins Freie zu suchen.

Es ist ein langer Weg. Und so nimmt sich dieses Lied viel Zeit. In
fünfzehn Strophen schreitet es gemessenen Schrittes und mit einem
langen Atem aus. Es braucht Geduld und Ruhe, beim Ausgehen
Freude zu finden.

> Geh aus, mein Herz, und suche Freud
> in dieser lieben Sommerzeit
> an deines Gottes Gaben;
> schau an der schönen Gärten Zier
> und siehe, wie sie mir und dir
> sich ausgeschmücket haben.

Genüßlich schaut das «Herz» sich um, bemerkt die Pflanzen und
Tiere, genießt den Anblick ihrer ganz und gar zweckfreien Schönheit und will nichts anderes, als einfach nur schauen: das grüne
frische Laub der Bäume oder die luxuriösen Gewänder von Nar-
zissen und Tulpen, welche sogar die Seidenroben des sagenhaft reichen Königs Salomo in den Schatten stellen. Es entdeckt, daß das alte

Über die Frömmigkeit 127

«Jammertal» Erde mit Leben, Farben und Klängen erfüllt ist. Es hört die rauschenden Bäche, die singende Lerche, die hochbegabte Nachtigall, die summende Bienenschar. Es erkennt, daß dieses bunte Leben sich in Liebe weiterzeugt. Alle Welt pflanzt sich fort, sorgt sich um seinen Nachwuchs und freut sich an ihm. Diese Freude mündet in den Gesamteindruck einer großen Macht. Die sommerliche Natur ist von massiver Vitalität: Die Bienenschar ist «unverdrossen», der Saft des Weinstocks ist «stark», und der «Weizen wächset mit Gewalt». Diese kraftstrotzende Lebendigkeit weckt alle Sinne, rüttelt und schüttelt das «Herz» durch und infiziert es mit neuer Lebensfreude. Zugleich aber hat das äußere Geschehen Folgen für die innere Welt. Der Sommer färbt auf den ab, der ihn erlebt. Er «kann und mag nicht ruhn» und singt mit, «wo alles singt», und läßt, «was dem Höchsten klingt», endlich auch aus seinem Herzen «rinnen». Sein Leben ist freies Fließen geworden. Und dieser innere Fluß hat ein Ewigkeitsmoment in sich. Er beginnt in der Natur, dieser Welt, um sie zu übersteigen und – in den Schlußstrophen des Liedes – von der schönen Sommerzeit zur seligen Ewigkeit zu gelangen.

83. Darf ein Christ zweifeln? Der christliche Glaube will das ganze Leben eines Menschen bestimmen. Das aber bedeutet, da er sich mit jeder neuen Lebensphase verändern muß. In der Adoleszenz und mit dem Erwachen der kritischen Nachdenklichkeit wird die kindliche Leicht-Gläubigkeit abgelegt. Das Erwachsenenleben bringt sodann eine solche Menge an schweren, traurigen und widersinnigen Erfahrungen mit sich, daß es schon eines ungesunden Maßes von Glaubensfestigkeit bedürfte, um nicht am Dasein, an der Gerechtigkeit und der Liebe Gottes zu zweifeln.

Der Zweifel ist aber nicht allein ein Gegengewicht zum Glauben, sondern kann sogar ein Moment des Glaubens selbst sein. Am konsequentesten hat dies der protestantische Theologe Paul Tillich beschrieben. Er hat versucht, die Grundeinsicht Luthers, daß der Mensch ohne alle eigenen «Werke» gerechtfertigt wird, auf den Zweifel zu beziehen. Denn es gibt besonders Fromme, welche die eigene Glaubensfestigkeit und Kirchentreue als «Werke» verstehen, mit denen sie sich die Liebe Gottes erarbeiten können. Demgegenüber schärfte Tillich ein, daß der ernste Zweifel nicht nur ehrlicher ist, sondern auch viel mehr dem Rechtfertigungsglauben entspricht: «Die Situation des Zweifelns, ja selbst des Zweifelns an

Gott, braucht uns nicht von Gott zu trennen.» Im Gegenteil, gerade der tiefe, durchlebte und durchdachte Zweifel kann das Tor zum wahren Glauben sein.

84. Wie kann ein Christ sterben? Die letzte Bewährungsprobe der Religion ist das Sterben. Hier, am Ende der Existenz, muß sich zeigen, was eine Religion als Lebenshilfe zu leisten vermag. Ob eine Religion eine – im tieferen Sinne – Lebenskunst ist, muß sich daran erweisen, ob sie eine «ars moriendi», eine «Kunst des Sterbens», vorzustellen vermag. Denn es war stets – und ist immer noch – eine große Menschheitshoffnung, daß man dem Tod nicht ausgeliefert ist, sondern innere Kräfte besitzt, die ihm seinen Schrecken nehmen. Doch kann es eine solche «ars moriendi» überhaupt geben? Ist das Sterben etwas, das man «können» könnte? Kann man das letzte «Lassen» erlernen? Und wer sollte es einen lehren?

Martin Luther war da skeptisch. Mit erschreckender Konsequenz hat er die Härte und Einsamkeit des Sterbens beschrieben:

Wir sind alle zum Tode gefordert, und es wird keiner für den andern sterben, sondern ein jeglicher in eigener Person muß geharnischt und gerüstet sein für sich selbst, mit dem Teufel und dem Tode zu kämpfen. In die Ohren können wir wohl einer dem andern schreien, ihn trösten und vermahnen zu Geduld, zum Streit und Kampf, aber für ihn können wir nicht kämpfen noch streiten, es muß ein jeglicher selbst auf seine Schanze sehen und sich mit den Feinden, mit dem Teufel und dem Tod selbst einlegen und allein mit ihnen im Kampf liegen: Ich werde dann nicht bei dir noch du bei mir sein.

Was nun kann der christliche Glaube einem Menschen in dieser verzweifelten Lage geben? Der Glaube ist schließlich keine «Unsterblichkeitsmedizin», wie ein antiker Kirchenvater geschrieben hatte. Er ist nicht einfach ein «Ende gut – alles gut». Der Glaube an ein ewiges Leben, an ein Wiedersehen im Jenseits an sich ist noch nicht spezifisch christlich. Er findet sich in vielen Religionen. Wenn man danach fragt, was das Besondere ist, das der christliche Glauben einem Sterbenden geben kann, dann ist es seine Kraft, dem Menschen Hoffnungsbilder ins Herz zu pflanzen: Bilder des mitleidenden Christus, Bilder des auferstandenen Christus. In diesen Bildern Christi wird der christliche Ewigkeitsglaube anschaulich, den Paulus so beschrieben hat:

Über die Frömmigkeit 129

Denn ich bin gewiß, daß weder Tod noch Leben, weder Engel noch Mächte noch Gewalten, weder Gegenwärtiges noch Zukünftiges, weder Hohes noch Tiefes noch eine andere Kreatur uns scheiden kann von der Liebe Gottes, die in Christus Jesus ist, unserm Herrn. (Römerbrief 8,38–39)

Und Paul Gerhardt hat die Kraft des Christusbildes in seinem großen Passionschoral *O Haupt voll Blut und Wunden* so besungen:

> Erscheine mir zum Schilde,
> zum Trost in meinem Tod,
> und laß mich sehn dein Bilde
> in deiner Kreuzesnot.
> Da will ich nach dir blicken,
> da will ich glaubensvoll
> dich fest an mein Herz drücken.
> Wer so stirbt, der stirbt wohl.

85. Macht der christliche Glaube glücklich? Alle Menschen wollen glücklich sein. Alles, was sie tun, ist direkt oder indirekt auf dieses Ziel ausgerichtet. Auch an die Religion wenden sie sich, um dort Hilfe und Orientierung für ihre Glückssuche zu finden. Aber das Christentum ist keine Veranstaltung zur Befriedigung natürlicher Bedürfnisse. Der christliche Glaube enthält keine Glücksformel. Selbstverständlich enthält auch er ein Glücksversprechen. Das Heil, das er den Menschen anbietet, ist ja die höchste Form des Glücks, nämlich die Glückseligkeit. Doch dieses Ziel läßt sich nicht auf geradem Weg erreichen, sondern nur über einen Umweg. Es bildet nicht den Abschluß des menschlichen Glücksstrebens. Vielmehr muß man sich von diesem Streben gelöst haben, um es zu gewinnen. Wer nur nach seinem Glück strebt, bleibt in sich und dem ewig hungrigen Eigenwillen gefangen. Wer von Gott das wahre Glück empfangen will, muß aus dem Bannkreis des eigenen Willens herausgetreten sein. Das neue Leben wird nur derjenige gewinnen, der sein altes verloren gibt.

Dieses neue Leben besteht in einem neuen Blick auf Gott, diese Welt und das eigene Leben. Dieser Blick erkennt in Gott nicht mehr einen fernen, unberechenbaren Tyrann, sondern einen zugewandten, liebenden Vater. Er sieht in der Welt nicht mehr ein Jammertal voller Übel, sondern einen Garten Gottes. Und er sieht im eigenen Leben nicht mehr ein stumpfes Dahinexistieren, sondern ein sinn-

130 *Über die Frömmigkeit*

erfülltes Dasein. Dieser Blick setzt vier beglückende Empfindungen frei: die erhebende Ehrfurcht vor dem ewigen Gott, die Dankbarkeit für die gesamte Schöpfung und das eigene Leben in ihr, das Vertrauen in eine gute Fügung des eigenen Lebenswegs und die Hoffnung auf ein ewiges Leben in Gott über alle zeitlichen Grenzen hinaus. Das Glück des christlichen Glaubens liegt also in der Ehrfurcht, der Dankbarkeit, dem Vertrauen und der Hoffnung. Stellt es sich ein, ist der Mensch von der Gottesferne, dem Bösen, den Übeln und der Enge des eigenen Willens erlöst.

Über die Ethik

86. Warum sollte man sich das Wort «Sünde» nicht ausreden lassen? Eines der gewichtigsten Wörter des Christentums ist zugleich eines der problematischsten. «Sünde» beschreibt einen Grundzug menschlicher Existenz und steht zugleich für eine schreckliche kirchliche Negativfixierung. Nach ihr ist der Mensch nichts als ein von Gott abgefallenes Wesen, ein Sünder durch und durch, schlechthin unfähig zum Guten. Ihrer Gottebenbildlichkeit sei die Menschheit schon durch den Fall Adams verlustig gegangen. Diese Erbsünde sei von Generation zu Generation weitergegeben worden – und zwar im Geschlechtsakt. Die Erbsünde wirke so wie ein metaphysisches Aids-Virus, welches die ganze Menschheit verdorben und dem ewigen Tod anheimgegeben habe.

Man sieht schnell, daß diese Auffassung keine differenzierte Betrachtung des Menschen zuläßt, die sowohl seine Anlage auf das Böse hin wie seine Bestimmung zum Guten bedenkt. Sie konzentriert sich ausschließlich auf seine Sündhaftigkeit und läßt seine Würde außer Acht. Fatal ist an ihr zudem, daß sie «Sünde» vornehmlich sexuell versteht. Gerade diese Fixierung auf Geschlechtsangelegenheiten aber hat vielen kirchlichen Sittenlehren eine verklemmt-unfreie Tendenz gegeben und das eigentliche moralische Problem verdunkelt. Dieses besteht darin, daß der Mensch zwischen Gut und Böse hin- und hergerissen ist. Er ist auf das Gute hin angelegt. Aus freiem Willen kann er sich für seine wahre Bestimmung entscheiden. Aus freiem Willen aber kann er sich ebenso vom Guten ab- und dem Bösen zuwenden. Das moralische

Problem besteht also nicht darin, daß der Mensch notwendig böse ist – und dieses Böse mit Sexualität gleichzusetzen sei –, sondern in der Freiheit des Menschen. Diese Freiheit zum Guten wie zum Bösen bildet die Grundanlage des Menschen, die sich in allen seinen konkreten Willensakten widerspiegelt – mal zum Guten, mal zum Bösen.

Da der Mensch nicht nur böse sein kann, sondern auch sehr geschickt darin ist, die eigene Schuld vor anderen – und sich selbst – zu verbergen oder als Güte zu verkleiden, tut jedem – und zwar das ganze Leben lang – eine kritische moralische Selbstaufklärung not. Das ist der Sinn der Buße.

87. Was ist die größte Sünde?

Die katholische Tradition hat nach antiken Vorbildern einen Katalog von sieben Hauptsünden – Stolz, Geiz, Neid, Zorn, Unkeuschheit, Unmäßigkeit, seelische Stumpfheit – aufgestellt. Fragt man nach der Grundsünde, aus der alle anderen folgen, so muß man das Gegenteil dessen betrachten, was für das Christentum der Inbegriff des Guten ist, nämlich die Liebe. Das Gegenteil der Liebe ist die Selbstbezüglichkeit.

Sündhaft ist der Wille, der alles auf sich selbst bezieht. Sündhaft ist der Mensch, der – nach einer Formulierung Immanuel Kants – in seinen Mitmenschen – man könnte ergänzen: seiner Umwelt – nur Mittel für eigene Zwecke und nicht auch Selbstzwecke sieht. Ein solcher Mensch schadet seinen Mitmenschen, weil er sie zu Instrumenten seiner Selbstliebe herabwürdigt. Er schadet sich aber auch selbst. Denn er bleibt in sich selbst gefangen. Er verkümmert in den eng und enger werdenden Kreisen seines Eigenwillens. Wahre Liebe will, daß der Geliebte glücklich ist. Sie erst befähigt den Liebenden dazu, aus sich selbst herauszutreten, dem Geliebten zu seinem Glück zu verhelfen und gerade darin das eigene Glück, die wahre Erfüllung seiner Selbstliebe zu finden.

88. Was soll ein Christ tun?

Einmal stellte ein Schriftgelehrter Jesus die Frage, was man tun müsse, um das ewige Leben zu gewinnen. Jesus antwortete ihm, daß die Antwort schon im Alten Testament stünde. Die Grundregel eines guten Lebens sei das doppelte Gebot der Liebe: «Du sollst den Herrn, deinen Gott, lieben von ganzem Herzen, von ganzer Seele, von allen Kräften und von ganzem Gemüt und deinen Nächsten wie dich selbst.» (Lukas 10,25 ff)

89. Wer ist für einen Christen «der Nächste»? Da fragte der Schriftgelehrte: «Wer ist denn mein Nächster?»

Jesus antwortete ihm mit einer Geschichte: «Es war ein Mensch, der ging von Jerusalem hinab nach Jericho und fiel unter die Räuber; die zogen ihn aus und schlugen ihn und machten sich davon und ließen ihn halbtot liegen. Es traf sich aber, daß ein Priester dieselbe Straße hinabzog; und als er ihn sah, ging er vorüber. Desgleichen auch ein Levit, d. h. ein Tempeldiener; als er zu der Stelle kam und ihn sah, ging er vorüber. Ein Samariter – d. h. ein Angehöriger eines mit den Juden verfeindeten Volkes – aber, der auf der Reise war, kam dahin; und als er ihn sah, jammerte er ihn; und er ging zu ihm, goß Öl und Wein auf seine Wunden und verband sie ihm, hob ihn auf sein Tier und brachte ihn in eine Herberge und pflegte ihn. Am nächsten Tag zog er zwei Silbergroschen heraus, gab sie dem Wirt und sprach: ‹Pflege ihn; und wenn du mehr ausgibst, will ich dir's bezahlen, wenn ich wiederkomme.›»

Nach dieser Geschichte fragte Jesus den Schriftgelehrten: «Wer von diesen dreien, meinst du, ist der Nächste gewesen dem, der unter die Räuber gefallen war?» Der Schriftgelehrte antwortete: «Der die Barmherzigkeit an ihm tat.» Da sprach Jesus zu ihm: «So geh hin und tu desgleichen.» (Lukas 25,29 ff)

90. Wie weit reicht das Mitleid? Die Geschichte vom barmherzigen Samariter ist – so vertraut sie auch klingen mag – sehr irritierend. Daß ein Mensch einem Fremden hilft, geschieht selten. Nicht das Verhalten des Samariters ist selbstverständlich, sondern dasjenige des Priesters und des Leviten. Sie haben kein Auge für den, der da am Straßenrand liegt. Sie gehen vorüber. Vielleicht empfinden sie Ekel vor dem Verletzten oder haben Angst. Vielleicht fühlen sie sich auch dem altbekannten Gesetz verpflichtet, das der Unterscheidung von «rein» und «unrein» folgte und bestimmte, daß Menschen, die am Tempel Dienst zu tun haben, «rein» sein müssen und sich nicht durch die Berührung mit «unreinen» Dingen – wie einem eventuell toten Menschen – beschmutzen dürfen.

Was den Samariter auszeichnet, ist, daß er sich um solche Gesetze nicht bekümmert. Überhaupt scheinen ihm prinzipielle moralische Erwägungen fremd zu sein. Die Ausgangsfrage des Gesprächspartners Jesu hat er sich längst beantwortet. Er rätselt nicht darüber, was man denn tun müsse, um Gott wohlgefällig zu sein. Er weiß, was

Über die Ethik 133

zu tun ist. Er handelt spontan. Er folgt einfach seinem Gefühl. Der Verletzte «jammert» ihn. Dieses Gefühl sagt ihm etwas ganz Einfaches: Habe Mitleid! Hilf dem Hilflosen!

Doch auch wenn diese Geschichte zu den bekanntesten der Bibel gehört, besitzt sie ihre eigenen Untiefen. Diese zeigen sich, wenn man nach ihrer Grenze fragt. Die Pointe der Geschichte besteht ja darin, daß sie alle Grenzen durchbricht. Auf die Frage: «Wer ist der Nächste?», antwortet sie: «Jeder!» Es gibt keine Grenzen des Guten. Es gibt keine Einschränkungen – weder religiöser, sozialer, ethnischer noch sonst welcher Art. Jeder kann der Nächste sein – jeder, der unsere Hilfe braucht.

Aber Jesus hat diese schlechthin universale Moral in ein sehr begrenztes Umfeld hinein verkündet. Seine Botschaft der grenzenlosen Nächstenliebe ist eine Nah-Ethik. Sie lebt in einer kleinen, beschränkten Umwelt. Sie bleibt in der palästinischen Nachbarschaft. Sie schaut auf den, der einem eben direkt vor die Füße fällt. Was es jenseits des eigenen Sichtfelds an Elend gibt, wird nicht bedacht. Das Elend der Sklaven im fernen Rom etwa hat Jesus ebenso wenig interessiert wie das barbarische Leben der Germanen. Jesus hatte keine globale Perspektive.

Das unterscheidet ihn von unserer Gegenwart. Die heutige Menschheit ist mit weltweitem Elend konfrontiert. Sie sieht Katastrophenbilder vom anderen Ende der Erde «live». Sie denkt und empfindet weit über die alte Nah-Ethik hinaus. Sie lebt in einer Fern-Ethik. Diese Fern-Ethik ist eine konsequente Fortschreibung der Nächstenliebe Jesu. Sie macht die Ethik des Neuen Testaments zu dem, was sie immer sein wollte: eine Ethik universaler Liebe.

Zugleich aber ist diese Fern-Ethik ein heikles Ding. Man bemerkt das daran, wie man die Bilder fernen Elends aufnimmt. Sie «jammern» einen, aber nur für einen Moment. Sie appellieren an einen. Zugleich aber bleiben sie einem fern. Es sind es ja nur Bilder, Medienprodukte wie andere auch, flüchtige Oberflächenreize, zufällige Sensationen, die ganz eigenen Konjunkturen folgen. Man gibt sich den drastischen Elendsbildern hin und hält sie zugleich fern – ganz automatisch. Fast muß man sagen: notwendigerweise. Denn das weltweite Elend sprengt das Fassungsvermögen. Es überschreitet jedes Maß. Man kann das alles gar nicht ertragen. Man muß sich das ehrlich eingestehen. Denn man muß die eigenen Grenzen beim

Tun des Guten bedenken, um sie dann – im richtigen Moment – zu überwinden.

Wie man die alte Nah-Ethik Jesu in Zeiten der Globalisierung leben kann, ist eines der größten Probleme der christlichen Ethik. Die Geschichte vom barmherzigen Samariter löst es nicht. Aber sie zeigt eine Richtung. Sie wirkt als Stachel, der einen nicht zur Ruhe kommen läßt. Sie lenkt den Blick – weg von den Bildern hin zu den Menschen aus Fleisch und Blut. Indem sie dies tut, schärft sie ein, was es heißt, das Gute zu tun: Mitleid empfinden – nicht nur für sich selbst und die eigenen Leute, sondern für jeden. Wer ist der Nächste? Jeder, der in Not ist.

91. Warum soll man Ehrfurcht vor dem Leben empfinden? Im September 1915 fuhr der evangelische Theologe und Urwald-Arzt Albert Schweitzer einen äquatorialafrikanischen Fluß, den Ogowe, hinauf. Er hatte mit seiner erholungsbedürftigen Ehefrau seine Gesundheitsstation in Lambarene – im heutigen Gabun gelegen – verlassen und war an die Küste nach Kap Lopez gefahren. Doch bald wurde er zurückgerufen, um einen erkrankten Missionar in N'Gomo, im Landesinneren, zu betreuen. Schweitzer brach sofort auf und bestieg einen kleinen Schleppkahn, der ihn flußaufwärts brachte. Diese Fahrt sollte ihm eine völlig unerwartete Offenbarung bescheren. Denn auf dem Ogowe eröffnete sich ihm der Fundamentalbegriff seiner Ethik.

Schweitzer hatte schon seit Jahren mit dem Nihilismus gerungen, mit der philosophischen Einsicht in die Nichtigkeit aller Werte und die Sinnlosigkeit des menschlichen Lebens. Welchem moralischen oder religiösen Prinzip könnte es gelingen, dem Menschen wieder Lebenssinn zu schenken? Schweitzer nutzte die Flußfahrt, um dieses Grundproblem zu umkreisen:

An Bord befanden sich außer mir nur einige Schwarze. Da ich mich in der Eile nicht hatte verproviantieren können, erlaubten sie mir, aus ihrem Kochtopf mitzuessen. Nur langsam kamen wir auf dem Strom, den wir hinauffuhren, voran. Es war trockene Jahreszeit. Wir mußten uns unseren Weg zwischen großen Sandbänken hindurch suchen. Ich saß auf einem der Schleppkähne. Ich hatte mir vorgenommen, auf dieser Fahrt ganz in das Problem des Aufkommens einer Kultur, die größere ethische Tiefe und Energie besäße als die unsere, versunken zu bleiben. Blatt um Blatt beschrieb ich mit unzusammenhängenden Sätzen, nur um auf das Pro-

Über die Ethik 135

blem konzentriert zu bleiben. Müdigkeit und Ratlosigkeit lähmten mein Denken. Am Abend des dritten Tages, als wir uns beim Sonnenuntergang in der Nähe des Dorfes Igendja befanden, mußten wir an einer Insel in dem über einen Kilometer breiten Fluß entlang fahren. Auf einer Sandbank zur Linken, wanderten vier Nilpferde mit ihren Jungen in derselben Richtung wie wir. Da kam ich, in meiner großen Müdigkeit und Verzagtheit plötzlich auf das Wort «Ehrfurcht vor dem Leben», das ich, soviel ich weiß, nie gehört und nie gelesen hatte. Alsbald begriff ich, daß es die Lösung des Problems, mit dem ich mich abquälte, in sich trug.

Die «Ehrfurcht vor dem Leben» überwindet den Nihilismus dadurch, daß dem Menschen, der sie empfindet, das Grundprinzip des Lebens aufgeht. Er erfährt, daß alles Leben – ebenso wie er selbst – leben will. In diesem Lebenswillen ist alles Leben – menschliches, tierisches und pflanzliches – verbunden. Der Mensch ist aus seiner Einsamkeit befreit. Er weiß sich eins mit allem Leben. Und er hat nun ein schlechthin sinnvolles Lebensziel: Leben fördern und pflegen.

Die Erfahrung der Ehrfurcht ist zunächst ein religiöses Phänomen. Man empfindet Ehrfurcht in der Begegnung mit der Unendlichkeit, mit dem Ewigen, mit Gott. Zugleich hat diese religiöse Erfahrung eine moralische Dimension. Wer Ehrfurcht empfindet, weiß sich begrenzt. Er setzt sich selbst nicht mehr absolut. Er würde es nicht wagen, sich gegen das, vor dem er Ehrfurcht empfindet, rücksichtslos durchzusetzen. Er nimmt sich zurück. In diesem Sinne ist «Ehrfurcht» ein anderes Wort für die alte christliche Tugend der Demut. Schweitzers Formel «Ehrfurcht vor dem Leben» ist also eine moderne Übersetzung von grundlegenden Einsichten des christlichen Glaubens und der christlichen Ethik. Zugleich aber ist sie nicht spezifisch christlich begründet, sondern soll auch von Angehörigen anderer Religionen sowie selbst von religiös nicht gebundenen Menschen anerkannt werden können.

Diese «Ehrfurcht vor dem Leben» ist jedoch keine Selbstverständlichkeit. Ihr haftet etwas Paradoxes an. Denn das Leben an sich – als unablässiges Werden und Vergehen – ist noch keineswegs sinnvoll. Leben ist immer auch Leben auf Kosten von anderem Leben. Schweitzers scheinbar schlichte Handlungsanweisung, daß es gut sei, Leben zu fördern, und schlecht, Leben zu töten, führt schon bei den einfachsten Verrichtungen zu Absurditäten. Jede alltägliche Handlung für ein bestimmtes Leben ist zugleich die Entscheidung gegen anderes Leben. Schweitzer muß zugeben, daß er den Widersinn des Lebens nicht auflösen kann:

Schmerzvolles Rätsel bleibt es für mich, mit Ehrfurcht vor dem Leben in einer Welt zu leben, in der Schöpferwille zugleich als Zerstörungswille und Zerstörungswille zugleich als Schöpferwille waltet.

Nur eine winzige Minderheit der Lebewesen ist überhaupt fähig, so etwas wie Ehrfurcht zu empfinden:

Die Natur kennt keine Ehrfurcht vor dem Leben. Sie bringt tausendfältig Leben hervor in der sinnvollsten Weise und zerstört es tausendfältig in der sinnlosesten Weise.

Allein der Mensch ist in der Lage, diese Selbstentzweiung des Lebens mit sich selbst zu überwinden. Wenn er es aber tut, erfährt er ein großes Glück. Indem er sich zurücknimmt und anderes Leben leben läßt, erfährt er eine ungeheuerliche Erhebung. Er fühlt sich ergriffen «von dem unendlichen, unergründlichen, vorwärtstreibenden Willen, in dem alles Sein gegründet ist.» Er erfährt, daß das «Fremdsein zwischen uns und andern Wesen» aufgehoben ist. Das höchste Glück gewinnt der Mensch nicht dadurch, daß er sich selbst gegen anderes Leben durchsetzt, sondern indem er sich hingibt:

Wenn ich ein Insekt aus dem Tümpel rette, so hat sich Leben an Leben hingegeben und die Selbstentzweiung des Lebens ist aufgehoben.

92. Warum soll man Ehrfurcht vor dem Leiden empfinden?

Der Stifter des Christentums war kein prächtiger König, kein siegreicher Kriegsheld, kein unangefochtener Gesetzeslehrer, kein vornehmer Weiser, sondern – am Ende seiner Mission – ein Gescheiterter und Gemarterter, das Opfer eines Justizmords. Darum hat das Leiden für das Christentum eine viel größere Bedeutung als für andere Religionen. Denn darin liegt sein Kerngeheimnis, daß nämlich Leiden das Tor zur Erlösung und der Tod der Beginn eines neuen Lebens ist.

Es ist schwer, sich von diesem Geheimnis des Christentums einen anschaulichen Begriff zu machen. Auch hier ist ein Blick auf Goethes Erzählung von der dreifachen Ehrfurcht hilfreich (vgl. Frage 21). Nachdem Wilhelm Meister und sein Sohn Felix in der «pädagogischen Provinz» mit den drei bedeutungsschweren

Über die Ethik 137

Gesten begrüßt und über deren Sinn aufgeklärt worden sind, werden sie in eine Gemäldegalerie geführt. Dort hängen Bilder, die zwei der drei Ehrfurchtsformen darstellen. Einige zeigen Begebenheiten aus der Religionsgeschichte Israels. Sie versinnbildlichen die Ehrfurcht vor dem, was über uns ist: die Demut vor einem allmächtigen Gott. Andere stellen Geschichten aus dem Leben Jesu dar. Sie geben das Vorbild für die Ehrfurcht vor dem, was uns gleich ist, und malen die Nächstenliebe in leuchtenden Farben aus. Als Wilhelm Meister die Galerie durchschritten hat, wundert er sich, daß die zweite Ehrfurcht keinen Maler gefunden habe. Er wird belehrt, daß die Ehrfurcht vor dem, was unter uns ist, das Zentrum der christlichen Religion bilde. Sie erfülle sich in einem Blick nach unten, der fähig sei, «auch Niedrigkeit und Armut, Spott und Verachtung, Schmach und Elend, Leiden und Tod als göttlich anzuerkennen, ja Sünde selbst und Verbrechen nicht als Hindernisse, sondern als Fördernisse des Heiligen zu verehren und liebzugewinnen». Hierfür gibt es wohl ein Bild: Christus am Kreuz. Doch dieses wird nicht ausgestellt. Das «Heiligtum des Schmerzes» möchte man den Schülern nicht aufdrängen:

Wir ziehen einen Schleier über diese Leiden, eben weil wir sie so hoch verehren. Wir halten es für eine verdammungswürdige Frechheit, jenes Martergerüst und den daran leidenden Heiligen dem Anblick der Sonne auszusetzen, die ihr Angesicht verbarg, als eine ruchlose Welt ihr dies Schauspiel aufdrang, mit diesen tiefen Geheimnissen, in welchen die göttliche Tiefe des Leidens verborgen liegt, zu spielen, zu tändeln, zu verzieren und nicht eher zu ruhen, bis das Würdigste gemein und abgeschmackt erscheint.

Es ist erstaunlich, wie Goethe, der ja ein sehr eigenes, vielfach gebrochenes Verhältnis zum Christentum pflegte, die Ehrfurcht vor dem Leiden vorstellt. Natürlicherweise erregt der Anblick von Leiden nicht Ehrfurcht, sondern – schlechtestenfalls – Angst, Ekel und Abscheu oder – bestenfalls – ein Mitleid, das nicht immer leicht von Herablassung zu unterscheiden ist. Allein der christliche Glaube leitet dazu an, vor dem Leiden Ehrfurcht – und das heißt Respekt, Achtung und Verehrung – zu empfinden. Denn der christliche Glaube erkennt im Leiden eines jeden Menschen ein Abbild des Leidens Christi und sieht darum in ihm kein «Hindernis», sondern ein «Fördernis des Heiligen».

Was folgt aus dieser «Ehrfurcht vor dem Leiden»? In der Antike und im Mittelalter haben Menschen versucht, ihrer Ehrfurcht vor dem Gekreuzigten dadurch Ausdruck zu verleihen, daß sie selbst willentlich Leiden auf sich nahmen. Zum Teil haben sie das Leiden geradezu gesucht. Doch das liegt lange zurück. Die gegenwärtige Bedeutung der «Ehrfurcht vor dem Leiden» dürfte darin bestehen, daß sie einen anderen Blick auf die Würde des menschlichen Lebens eröffnet. Diese bemißt sich nicht nach einem momentanen Lebens-, Genuß- oder Nutzwert. Zu achten und zu respektieren, zu fördern und zu schützen ist nicht nur das starke, erfolgreiche Leben, sondern ebenso auch das schwache, kranke und sterbende Leben. Gerade in den gegenwärtigen Debatten über Euthanasie und Sterbehilfe ist – aus christlicher Perspektive – mehr «Ehrfurcht vor dem Leiden» notwendig.

Über das Verhältnis zu anderen Religionen

93. Wird der Christ der Zukunft ein Mystiker sein? Einer der bekanntesten katholischen Theologen des vergangenen Jahrhunderts, Karl Rahner, hat prophezeit: «Der Christ der Zukunft wird Mystiker sein, oder er wird nicht sein.» «Mystik» ist einer der unklarsten Begriffe der Religionsgeschichte. Worauf Rahner aber abzielte, war die Beobachtung und die Prognose, daß das herkömmliche Kirchenchristentum in der Moderne an sein Ende gekommen ist. Die Gläubigen orientieren sich nicht mehr primär an kirchlichen Autoritätspersonen und kanonischen Texten. «Glaube» heißt für sie etwas ganz anderes als «Gehorsam». Sie wollen selbst glauben, frei von kirchlichen Vorgaben und jenseits der vorgeschriebenen Riten. Sie wollen Gott in sich selbst erfahren. Der vormals strenge Kirchenglaube löst sich auf. Er wird individueller und flexibler. Er überschreitet die alten Grenzen. Er findet Verwandtes und Anregendes auch in anderen Konfessionen und Religionen. In dieser Hinsicht sind viele Christen heutzutage «Mystiker». Nicht wenige haben dabei schon den Rahmen der christlichen «Mystik» überschritten und sind zu postchristlichen «Esoterikern» geworden.

Insofern also hat sich Rahners Prophezeiung als richtig erwiesen.

In einer anderen Hinsicht jedoch hat Rahner den Mund zu voll genommen. Denn «Mystik» steht nicht nur für eine individualisierte, sondern auch für eine qualitativ sehr hochstehende Religiosität. Die großen Mystiker waren Mönche und Asketen, die ihr ganzes Leben dem religiösen Erleben geopfert haben. Sie waren spekulative Intellektuelle, die Gott nicht allein «irgendwie» spüren, sondern Gottes Sein denken wollten. Und sie waren bedeutende Sprachkünstler, die ihre religiösen Grenzerfahrungen in gewagten Texten zum Ausdruck brachten. Diese asketische Hingabe, dieser Gedankenreichtum und diese Sprachgewalt sind ihren heutigen Nachfolgern fremd. Wer heute Gott außerhalb der Kirchenmauern und ganz in sich selbst erfahren will, tut dies zumeist ohne Opfer, ohne größeren intellektuellen oder ästhetischen Anspruch, sondern eher beiläufig und nebenbei, bei Gelegenheit und im Vorübergehen. Der Christ des beginnenden einundzwanzigsten Jahrhunderts ist also – in Westeuropa – weniger ein Mystiker als ein Flaneur.

94. Läßt sich das Christentum mit den Religionen des Ostens vergleichen? Spätestens seit dem Zeitalter der großen Entdeckungen vor einem halben Jahrtausend weiß das Christentum, daß es nicht die einzige große Menschheitsreligion ist. Die polytheistischen Volksreligionen und die Mysterienkulte der Antike hatte es besiegt. Das Judentum hatte es weit überflügelt und unterjocht. An den Islam hatte es zwar weite Teile des alten Einflußgebietes im Nahen Osten und in Nordafrika verloren. Doch hatte es den Islam am weiteren Vormarsch nach Europa hindern und mit der beginnenden Neuzeit auch politisch sowie kulturell wieder überholen können. Doch nun erschienen am östlichen Horizont, jenseits der eigenen Kulturkreise, beeindruckende Religionen, die sich allen Missionierungsbemühungen erfolgreich widersetzten.

Wie also sollte das Christentum sein Verhältnis zum Hinduismus und Buddhismus bestimmten? Beide stellen doch Formen von Religion dar, wie man sie mit europäischen Kategorien kaum beschreiben kann. Mit dem Judentum und dem Islam steht das Christentum in einem gemeinsamen geschichtlichen Horizont. Das Christentum ist aus dem Judentum erwachsen, und der Islam ist aus dem Christentum und dem Judentum hervorgegangen. Man teilt also einen historischen Zusammenhang und ein ähnliches Verständnis von dem, was «Religion» ihrem Wesen nach ist. Beides aber läßt sich vom Hinduismus und Buddhismus nicht sagen. Die beiden großen Religionen des Ostens haben tiefe, uralte Wurzeln, die sich mit denen des Christentums gar nicht berühren. Es gibt keine gemeinsame Geschichte und auch keinen gemeinsamen Begriff von Religion. Der Hinduismus birgt in sich eine solche Fülle an unterschiedlichsten und widersprüchlichsten Gestaltungen, daß den westeuropäischen Betrachter schnell ein Schwindel erfaßt. Läßt sich der Hinduismus überhaupt als eine einheitliche Religion beschreiben? Oder ist er nicht vielmehr ein ganzer Kosmos von Religionen? Der Buddhismus wiederum kommt – in seiner ursprünglichen und reinen Form – ohne die beiden Grundprinzipien aus, die nach christlichem Verständnis eine Religion ausmachen. Weder ist der Buddhismus der Glaube an einen Gott noch kennt er den Begriff einer individuellen Seele. Europäisch gedacht, liegt der Sinn einer Religion darin, die Seele des Menschen in eine Beziehung zu Gott zu setzen. Was aber ist der Sinn einer Religion, die weder etwas von Gott noch von der Seele weiß? Buddhismus und Hinduismus sind also «Religionen» ebenso wie das Christentum, aber in einem ganz anderen Sinn.

Trotz aller Fremdheit lassen sich auch gewisse Ähnlichkeiten beobachten: eine kontemplative Frömmigkeit, die an die christliche Mystik erinnert, und ein Streben nach Erlösung. Insofern gibt es gewisse Anknüpfungspunkte für eine konstruktive Auseinandersetzung zwischen dem Christentum und den beiden großen Religionen des Ostens. Doch sind diese Punkte so eingewoben in fremde Kulturen und andersartige Grundauffassungen des Lebens, daß ein echter Vergleich nicht möglich ist. Schon gar nicht ist es möglich, das Christentum gegenüber dem Hinduismus und dem Buddhismus als die «höhere» oder «bessere» Religion zu erweisen. Denn die Kriterien, nach denen man das «höher» und «niedriger», das «besser» oder «schlechter» bestimmen würde, wären immer schon christliche.

95. Ist das Christentum die absolute Religion? Seitdem das Christentum mit religiösen Konkurrenten konfrontiert ist, sehen es Theologen als ihre Aufgabe an, die eigene Religion als die beste zu erweisen. In vormodernen Zeiten war dies eine verhältnismäßig leichte Aufgabe. Man begnügte sich mit der Behauptung, daß Jesus Christus die einzig wahre und endgültige Offenbarung Gottes gebracht habe und alle anderen Religionen folglich in Irrtum und

Über das Verhältnis zu anderen Religionen   141

Irrglauben gefangen seien. In der Moderne, vor allem im neunzehnten Jahrhundert, gingen Theologen und christliche Philosophen etwas subtiler zu Werke. Sie erkannten auch andere Religionen grundsätzlich an, konstruierten jedoch einen Entwicklungsgang der Religionsgeschichte, in der sie nur als Vorstufen des Christentums zu stehen kamen. Das Grundmodell ließ die Religionsgeschichte mit animistischen Naturreligionen beginnen, denen dann die polytheistischen Volksreligionen folgten, über die sich die monotheistischen Gesetzesreligionen des Judentums und des Islams erhoben, die wiederum von der monotheistischen Erlösungsreligion des Christentums überwunden wurden. Letzteres sei die absolute Religion. Doch diese Sicht der Religionsgeschichte ist viel zu schematisch, als daß sie den anderen Religionen gerecht werden könnte. Außerdem konnten in ihr die Religionen des Ostens nicht eingezeichnet werden. Denn wie sollten sich diese als Vorstufen des Christentums deuten lassen?

Den besten Kommentar zu solchen Versuchen hat vor etwa einhundert Jahren Paul Wernle, einer der klügsten Theologen seiner Zeit, gegeben. Die Rede von der Absolutheit des Christentums sei schon eine Verfallserscheinung:

Sie kommt auf im gleichen Moment, da das Eigene schon von der ersten frischesten und kräftigsten Lebensstufe herabsinkt. Da kann es dann vorkommen, daß um den Absolutheitsanspruch gestritten wird mit Leidenschaft und Härte, während die ganze tatsächliche Religionspraxis ein Hohn auf jede Absolutheit nicht nur, sondern auf jede Wahrheit ist. Soll man denn im Ernst wünschen, daß eine unsrer Kirchen, so wie sie ist, absolute Religion wäre? Man muß froh sein, wenn sie einigermaßen christlich sind, mit der Absolutheit hat es gute Weile.

96. Gibt es ein Weltethos der Religionen? Alle großen Religionen verkünden große moralische Wahrheiten. Doch für die Friedlosigkeit dieser Welt sind die Religionen mitverantwortlich. Viele politische Konflikte und soziale Verwerfungen erhalten ihre Schärfe und Unversöhnlichkeit erst dadurch, daß sie mit religiösem Haß verbunden sind. Dabei könnten die Religionen doch einen großen Beitrag für eine bessere Welt leisten, wenn sie sich nur untereinander besser verstehen und auf ein gemeinsames Programm für eine friedliche und gerechte Lebensordnung einigen würden.

Der beliebte Kirchenkritiker Hans Küng plädiert seit Jahren für ein «Weltethos der Religionen». Die großen Weltreligionen sollten sich zusammensetzen, ihre religiösen Differenzen zurückstellen und ihre moralischen Übereinstimmungen herausarbeiten, um so gemeinsam für eine bessere Welt einzutreten. Küngs Programm mag gut gemeint sein. Ob es auch Aussicht auf Erfolg hat? Man darf skeptisch bleiben.

Sicherlich gibt es in allen Hochreligionen vergleichbare moralische Tendenzen, ein ähnliches Streben nach Gerechtigkeit, Frieden und Ehrfurcht vor dem Leben. Aber in jeder Religion ist dieses Streben anders begründet. Und es lebt aus dieser besonderen Begründung. Wollte man die Moral vom jeweiligen Glauben lösen, würde man ihr die Wurzeln nehmen. Sie würde ihr individuelles Leben und ihren eigenen Charakter verlieren. Selbst wenn man – was zu bezweifeln wäre – die moralischen Wahrheiten von ihren religiösen Begründungen wirklich trennen könnte, bliebe immer noch die Frage, was man dadurch gewonnen hätte. Was bliebe am Ende außer einem kleinsten gemeinsamen Nenner, einem farblosen Humanismus, einer Ansammlung von Allerweltswahrheiten, für die man im Grunde keine einzige der großen Religionen mehr benötigte? Im Licht dieser Frage erscheint das Projekt «Weltethos» nicht nur als ein illusionäres, sondern auch als ein gewaltsames Vorhaben.

Über das Wesen des Christentums

97. Warum ist es so peinlich, über den Glauben zu sprechen? Eines der letzten Tabus in den westeuropäischen Gesellschaften ist es, über den eigenen Glauben zu sprechen. Über vieles, das in früheren Zeiten streng beschwiegen wurde, spricht man inzwischen ganz offen: über die eigenen finanziellen Verhältnisse, das eigene Liebesleben, die eigenen beruflichen Mißerfolge oder die Schuld- und Leidensgeschichte des eigenen Landes. Nur über die eigene Religiosität öffentlich zu sprechen, wirkt noch anstößig. Wie wenig selbstverständlich dies ist, zeigt der Vergleich mit der Offenheit, in der in Osteuropa, Süd- und Nordamerika oder in Afrika Menschen über ihren Glauben Auskunft geben. Die Westeuropäer üben sich dagegen in verschämter Vornehmheit. Ihnen scheint es an einer klaren weltanschaulichen Position und einer religiösen Sprachfähigkeit zu fehlen. Die Peinlichkeit, die unverblümte religiöse Bekenntnisse hierzulande auszulösen pflegen, ist also ein weiterer Indikator für die heikle Situation des Christentums in Westeuropa.

Allerdings sollte man nicht vergessen, daß eine gewisse Diskretion dem Christlichen immer zu eigen sein sollte. Denn der Glaube ist ein inneres Erleben, das sich einer direkten, umstandslosen Umsetzung in sprachliche Mitteilung verweigert. Wer sich marktschreierisch über seinen Glauben verbreitet, verfälscht ihn. Der Glaube ist auf einen Schutzraum des Ungesagten angewiesen. Zugleich aber lebt der Glaube aus einer gewissen Schamlosigkeit, nämlich dem Mut, zum eigenen Glauben zu stehen, auch wenn er der Umwelt als vorgestrig, abgestanden, unvernünftig und als bloße «Torheit» (1. Korintherbrief 5,18) gilt. Das klassische Vorbild einer solchen Schamlosigkeit des Glaubens ist Paulus, der von sich behauptete: «Ich schäme mich des Evangeliums nicht; denn es ist eine Kraft Gottes, die alle diejenigen selig macht, die daran glauben.» (Römerbrief 1,16)

P. S.: Im Nahen Osten lebt die kleine Religionsgemeinschaft der Yeziden. Ihre Wurzeln und Glaubenslehren sind kaum bekannt. Denn auf ihre jahrhundertelange furchtbare Verfolgung durch die muslimische Bevölkerungsmehrheit haben die Yeziden damit reagiert, daß sie ihren Glauben nicht offen bekannt und weitergegeben haben. Nur als strikte Geheimreligion konnten die Yeziden überleben. Inzwischen aber hat sich die absurde Situation ergeben, daß die Yeziden ihre Religion so gut – vor anderen und untereinander – verborgen haben, daß sie selbst kaum noch wissen, worin sie besteht.

98. Woran erkennt man einen Christen? Was einen Christen auszeichnen sollte, sind Gottes- und Nächstenliebe. Liebe offenbart sich häufig in bestimmten Handlungen und Haltungen. Aber im letzten ist sie eine Sache des Herzens und folglich unsichtbar. Darum läßt sich die Christlichkeit eines Menschen nicht an äußeren Anzeichen oder Verhaltensweisen ablesen. Doch auch das Innerste – wenn es denn eine Lebenskraft ist – strahlt aus.

Sehr schön beschreibt ein altes, längst vergessenes Kirchenlied diese sichtbare Unsichtbarkeit des christlichen Glaubens:

144   *Über das Wesen des Christentums*

Es glänzet der Christen inwendiges Leben,
obgleich sie von außen die Sonne verbrannt.
Was ihnen der König des Himmels gegeben,
ist keinem als ihnen nur selber bekannt.
Was niemand verspüret, was niemand berühret,
hat ihre erleuchteten Sinne gezieret
und sie zu der göttlichen Wahrheit geführet.

Sie wandeln auf Erden und leben im Himmel,
sie bleiben ohnmächtig und schützen die Welt,
sie schmecken den Frieden bei allem Getümmel,
sind arm, doch sie haben, was ihnen gefällt.
Sie stehen in Leiden und bleiben in Freuden,
sie scheinen ertötet den äußeren Sinnen
und führen das Leben des Glaubens von innen.

**99. Wie läßt sich das Wesen des Christentums kurz zusammen-
fassen?** Nur wenigen Theologen ist es möglich, den eigentlichen
Kern des christlichen Glaubens in wenigen Sätzen zusammenzufassen. Einer von ihnen war Adolf von Harnack, der bedeutendste protestantische Theologe an der Wende des neunzehnten zum zwanzigsten Jahrhundert. 1926 wandte sich seine Nichte, Emmi Delbrück,
an ihn. Sie sollte später Klaus Bonhoeffer heiraten, den Bruder von
Dietrich Bonhoeffer, der ebenso wie dieser Widerstand gegen das
nationalsozialistische Regime geleistet hatte und darum kurz vor
Kriegsende ermordet worden war. Im Jahr 1926 war Emmi noch eine
junge Frau von 21 Jahren und befand sich in einer Lebenskrise. Sie
war an Tuberkulose erkrankt und wurde in ein Schweizer Lungen-
sanatorium geschickt. Dort mußte sie zwei Jahre lang liegen. Viele
existentielle und religiöse Fragen bedrängten sie. Darum schrieb
sie ihre Zweifel und Fragen in zwei Briefen an ihren berühmten
Onkel in Berlin. In seiner – hier gekürzten und redigierten – Antwort
stellte Harnack ihr vor, was für ihn das Wesen des christlichen
Glaubens ist:

Sehr liebe Emmi!

Ich halte es mit Augustin: «Wir sind auf Gott hin geschaffen»; daneben
haben wir die Fähigkeit, Erfahrungen zu machen, und unsern Verstand.
«Auf Gott hin geschaffen» – das heißt nicht, daß wir ein angeborenes
Wissen von ihm haben, auch nicht, daß wir in geheimnisvoller Weise eines

Wesens mit ihm sind, sondern eine Anlage «auf ihn hin», und daß wir nur Ruhe finden, wenn wir in einen Bund mit ihm kommen – wie die Blume auf die Sonne hin geschaffen ist, ohne etwas von ihr zu wissen.

Aber schon diese Erkenntnis ist eine prophetische Erkenntnis, d. h. eine solche, die Einzelne gefunden haben und die die Andern ihnen glaubten – nicht weil jene Propheten sie ihnen bewiesen hätten, sondern weil die Anlage der Hörer dieser Botschaft entgegenkam u. sie als treffend empfand.

So hat sich die Botschaft von Gott durch die Menschheitsgeschichte hindurch immer mehr vertieft u. geläutert: (a) er ist der Welt gegenüber «der ganz Andere» und trägt sie doch, (b) er ist der Heilige, (c) er ist der Gerechte, (d) er ist der Gute, (e) er ist die Liebe. Diese letztere und letzte Erkenntnis ist erst durch Jesus Christus souverän und rein hingestellt worden – aber auch sie noch mit ihrer Tiefe und Höhe findet trotz unsrer Schwachheit, Sünde und Elend in unserer Anlage nicht nur eine Korrespondenz, sondern wir finden erst mit unserer Anlage in ihr Ruhe. Diese faßt sich in dem beseligenden Glauben zusammen: «Gott ist unser rechter Vater und wir seine rechten Kinder.» Der Verstand kann zu dem allen nichts sagen – außer daß es keine Logik gibt, die dieser Botschaft widerspricht; die raumzeitliche Erfahrung freilich legt ein Veto dagegen ein; denn sie spürt wenig oder nichts von Gottesliebe; aber die innere Erfahrung setzt ihr ein «dennoch» entgegen und preist die Liebe Gottes, von der uns nichts zu scheiden vermag, als das Stärkste, stärker als Tod und Leben, Sichtbares und Unsichtbares.

Grübeln über den Gottesbegriff mögen die Philosophen; aber es ist mir sehr zweifelhaft, ob sie nicht an dem lebendigen Gott stets vorbeigrübeln werden. Du und ich sollen nicht grübeln über Gott und Welt, Notwendigkeit und Freiheit, absolutes majestätisches Sein und Elend, Liebe Gottes und Unbarmherzigkeit des Weltlaufs, da bei solchem Grübeln gar nichts herauskommt als verdoppelte Unwissenheit, Angst oder Trotz. Wir sollen vielmehr Gottes Mitarbeiter sein in Güte und Liebe, so gering unser Vermögen dazu auch ist. Er ist größer als unser Herz u. seine Liebe läßt sich nicht erbittern.

Das ist es, liebe Emmi, was ich zu schreiben vermag und nun einen herzlichen Gruß!

Dein getreuer Onkel Adolf von Harnack

100. Warum gibt es auf die wichtigsten Fragen über das Christentum keine eindeutigen Antworten? Wer Fragen über das Christentum stellt, kann eine Fülle höchst unterschiedlicher Antworten erhalten. Denn «das» Christentum gibt es nicht. Es gibt statt dessen eine Reihe von «Christentümern». Das Christentum ist eine eigene Welt, zusammengesetzt aus unterschiedlichsten Klimazonen und Landschaftsformationen, aufgeteilt in größere und kleinere Kontinente, manche eng benachbart, andere getrennt durch tiefe Gräben und weite Meere, manche nähern sich langsam an, andere wiederum driften auseinander.

Das, was als «das Wesen des Christentums» zu bezeichnen wäre, läßt sich nicht objektiv und allgemeingültig festschreiben. Man kann es nur aus seiner eigenen Perspektive beschreiben, also im Licht der eigenen religiösen Einstellung, konfessionellen Prägung und subjektiven Erfahrung. Diese unvermeidliche Subjektivität aller Rede über das Christentum ist aber kein Mangel, sondern entspricht dem christlichen Glauben selbst. Denn dieser ist keine abstrakte Weltformel, sondern ein inneres Leben. Über dieses innere Leben kann man nicht «an sich» und «ein für alle Mal» sprechen, sondern nur indem man über das eigene Erleben dieses Lebens Zeugnis ablegt.

101. Welche Bücher über das Christentum sollte man lesen? Zur Allgemeinbildung gehören Grundkenntnisse über das Christentum, sein Wesen und seine Geschichte. Für wen der schulische Religionsunterricht schon weit zurückliegt, für den gibt es eine Fülle von Büchern, die auf unterschiedlichem Niveau und aus jeder nur denkbaren Perspektive Einführungen in das Christentum anbieten. Wem das vorliegende Büchlein Appetit auf mehr gemacht hat, dem seien folgende Bücher besonders empfohlen. Einige sind neueren Datums, aber viele sind schon recht alt, was aber keineswegs gegen sie spricht. Das Neueste ist bekanntlich nicht immer das Beste.

Eine immer noch aufregende Orientierung über das Wesen der Religion im allgemeinen und des Christentums im besonderen bietet Rudolf Ottos klassische, etwa einhundert Jahre alte Schrift *Das Heilige* (als Taschenbuch erhältlich). Wer sich in das innere Leben des christlichen Glaubens vertiefen möchte, dem sei das monumentale Werk über *Das Gebet* von Friedrich Heiler sehr empfohlen (nicht mehr im Buchhandel erhältlich, wohl aber über Internet-Antiquariate, z. B. *www.zvab.de*). Eine pointierte welthistorische Orientierung bietet Gottfried Schramm in seinem jüngsten Buch *Fünf Wegscheiden der Weltgeschichte* (2004).

Über die Geschichte des Alten Israels informiert sehr solide

Über das Wesen des Christentums 147

Herbert Donners *Geschichte des Volkes Israel und seiner Nachbarn in Grundzügen* (2001). Über *Die Religion der ersten Christen* (2000) hat der Neutestamentler Gerd Theißen ein anregendes Buch verfaßt. Eine bündige Zusammenfassung fast der gesamten Christentumsgeschichte zwischen zwei Buchdeckeln bietet Karl Heussis *Kompendium der Kirchengeschichte* (zuerst 1907, zuletzt neu aufgelegt 1991).

Für denjenigen, der sich für die Geschichte der Alten Kirche interessiert, sei ein älteres Werk genannt: Hans von Campenhausen läßt in den Bänden *Lateinische Kirchenväter* und *Griechische Kirchenväter* (zuletzt 1995 neu aufgelegt) die Geschichte des antiken Christentums in wunderbaren Einzelporträts lebendig werden. Neuerdings gibt es zwei Bände mit Einzelporträts der wichtigsten Theologen der Antike, des Mittelalters und der Neuzeit, die jeweils auch den neuesten Forschungsstand berücksichtigen (*Klassiker der Theologie*, herausgegeben von Friedrich Wilhelm Graf, erschienen 2005).

Den bedeutendsten Kirchenvater sollte man übrigens selbst lesen. Augustins *Bekenntnisse* (in mehreren Taschenbuchausgaben gut erhältlich) gehören zu den Höhepunkten der Weltliteratur. Kurt Flasch hat in dem Taschenbuch *Augustin* (2003) die eindrücklichsten seiner Selbstzeugnisse zusammengestellt. Die wichtigste Gestalt des protestantischen Christentums ist Martin Luther. Über ihn gibt es eine Unzahl neuerer Biographien. Die schönste aber ist etwa 70 Jahre alt: Heinrich Böhmers *Der junge Luther* (vgl. *www.zvab.de*). Über den zweiten Haupttheologen des Protestantismus, Friedrich Schleiermacher, hat vor wenigen Jahren Kurt Nowak eine vorzügliche Biographie verfaßt. Schleiermachers Jugendschrift *Über die Religion. Reden an die Gebildeten unter ihren Verächtern*, eine rasante Modernisierung des Christentums aus dem Geist der Romantik, bietet auch Nicht-Theologen ein großes Leseerlebnis (von ihr liegen gleich mehrere Ausgaben vor). Von Kurt Nowak stammt auch eine sehr präzise und bündige *Geschichte des Christentums in Deutschland* (1995), die den gesamten Zeitraum von der Französischen Revolution bis zur Wiedervereinigung umspannt.

Die abenteuerliche Geschichte der evangelischen Theologie im zwanzigsten Jahrhundert, dem «Zeitalter der Extreme», hat Heinz Zahrnt in seinem Buch *Die Sache mit Gott* (als Taschenbuch erhältlich) virtuos erzählt. Wer dagegen einen Eindruck von der meditativen Nachdenklichkeit des modernen Katholizismus gewinnen möchte, lese die kurzen und eleganten Traktate von Josef Pieper, z. B. *Über die Liebe, Über die Tugenden, Über die Hoffnung* oder *Glück und Kontemplation* (als günstige Einzeltitel leicht erhältlich). Die existentielle Zerrissenheit des modernen Protestantismus wird dagegen in Paul Tillichs theologischen Selbstreflexionen *Auf der Grenze* (vgl. *www.zvab.de*) sichtbar.

Zu den Abbildungen

Neben den Kapitelüberschriften sind Ausschnitte aus Fresken Giotto di Bondones (um 1267–1337) in der Cappella degli Scrovegni (Arena-Kapelle) in Padua, entstanden 1302–1305, abgebildet. Die Fresken stellen die Heilsgeschichte dar. Ihren Mittelpunkt bildet das Leben Jesu: *Kapitel 1:* Maria mit dem Kind; *Kapitel 2:* Schutzengel bei der Flucht nach Ägypten; *Kapitel 3:* Taufe; *Kapitel 4:* Hochzeit zu Kana; *Kapitel 5:* Auferweckung des Lazarus; *Kapitel 6:* Einzug in Jerusalem; *Kapitel 7:* Kreuzigung; *Kapitel 8:* Beweinung; *Kapitel 9:* Auferstehung (Noli me tangere); *Kapitel 10:* Himmelfahrt; *Kapitel 11:* Jüngstes Gericht, die Hölle; *Kapitel 12:* Jüngstes Gericht, die Auferstehung der Toten.

Stefan Rebenich
Die 101 wichtigsten Fragen: Antike
160 Seiten mit 5 Abbildungen. Paperback
Beck'sche Reihe Band 1689

Verlag C. H. Beck

Claudia Märtl
Die 101 wichtigsten Fragen: Mittelalter
160 Seiten mit 15 Abbildungen. Paperback
Beck'sche Reihe Band 1685

Verlag C. H. Beck